脇坂真弥

人間の生のありえなさ

〈私〉という偶然をめぐる哲学

青土社

目次

人間の生のありえなさ

はじめに

本書でとりあげられるさまざまなテーマは、すべて何らかの形で〈私〉という偶然に関わっている。だが、私がひとつの偶然であるとはそもそも何を意味するのか。

偶然であるということは、さまざまなものや状況についてあてはまる。たとえば、いま私の目の前にあるペンはたまたま赤ではなく黄色である。今ここにいる私はたまたまアメリカ人ではなく日本人である。こうしたことが偶然であることはそのとおりなのだが、このような偶然、つまりペンにも私にも属しているような偶然は本書で問題にしたい偶然ではない。なぜなら、それは私という事象にだけ固有の、私にこそ属している、私という存在の成り立ちに本質的に関わるような偶然ではないからだ。「〈私〉という偶然」という言葉でとらえたいのは、ペンにでも私にでもあてはまるような、つまりほとんど何についてでも言えるような偶然性ではない。

本書がとりあげたいのは、ペンという事象には含まれておらず、「私」という事象にだけ含まれているような、私に固有の偶然性である。だが、そのような偶然性を考えるためには、ペンと私とでは何が違うのかをまず問題にしなければならないだろう。ペンであることと私であることとは、いったいどのように違うのか。

これに対するさしあたりの答えは、私には自己認識があるということだろう。私が私であるためには自己認識が必要である。自己認識がなければ、そもそも「私」ということはありえない。「私」ということは自己認識としてのみ成り立つのである。これに対して、ペンがペンであるためにペンの自己認識は必要ないし、そもそも自己認識ということはペンにおいては問題にさえなりえない。

したがって、いま求めているような偶然性、すなわちペンという事象には含まれていないが私という事象には本質的に含まれているような固有の偶然性がもしあるとしたら、それはこうした私の自己認識に関わる偶然性でなければならない。とりわけ私という事象に関わるような偶然は、この私の自己認識と密接に関係していなければならないはずだ。

とはいえ、これではまだ最初の問いの答えにはなっていない。本書が扱いたい偶然性、「〈私〉がひとつの偶然である」という時の偶然がペンには決してないような私の自己認識に関わるのだとしても、その自己認識と偶然との関わり方はまだ明らかになっていないからだ。両者はいったいどのように関わるというのか。たとえば、「私が日本人であるということを知ること」(自己認識)と、「私がたまたま日本人であるということ」(偶然)とは、どのように関わっているのだろうか。

この問題はそれほど簡単なものではない。たしかに、私が日本人に生まれたということは偶然である。だが、そんな偶然をわざわざ言挙げして大げさに考えるまでもなく、私は自分が日本人だという自己認識をちゃんと持つことができる。同じことを次のように言ってもよい。自分が日本人であるという事実を普通に認識している人ならば、その事実が偶然であるということくらい、自己認識に軽く含ませつつ誰でも容易に言うことができる。「まあ、自分で選んで生まれてきたわけじゃなし、私が日本人なのはたまたまですよね」というわけだ。つまり、「偶然だ、偶然だ」とことさらに騒がなくても（そんな偶然をわざわざ確認するまでもなく／あるいはそんな当たり前の偶然は自己認識の中に軽く包摂しながら）、通常の自己認識は十分に成り立つように思えるのである。

たとえば、わずかな例外的状況をのぞいて、人は自分に関してごく普通の自己認識を持っている。自分の名前、生まれや育ち、性格や苦手なもの・好きなもの、今していることを言うのに、その私がひとつの偶然であるということまで知る必要はまったくない。それは、目の前の物体が黄色いということを私が確実に知るために、じつはそれが赤でもよかった（黄色であったのはたまたまだった）ということを知る必要がないのとまったく同じである。通常の視力をもって、明るいところでよく目を凝らして見さえすれば、それは間違えようがないのだ。そういう意味では、私という事象に固有の偶然は自己認識と密接に関わる必要などないし、仮に関わっていても別にかまわないが、その関係は弛緩して緊張のない、わざわざ言うまでもない過剰な冗語に過ぎないように思えるのである。

しかし、自分についてのこうしたごく普通の理解とはまったく別に、ある時、ある瞬間に、ハッと「私がこの私であること」を目の当たりにし、つかみ直すことはないだろうか。先ほどの自己認識がとても平坦な、私に関する客観的知識に近い理解——ある意味で私をほかの「物」と同じところに置いて見ているような理解——だとすると、こちらの自己認識はそれとはまったく違う垂直的な「深さ」をもつ。この「ハッと」は、その深さや意味に応じて、軽い嘆息であったり、一瞬視界が広がるような驚きであったり、時には底が抜けるような恐怖であったりするのである。

垂直的な深さを特徴とするこの自己認識はさまざまな現れ方をする。ある場合には、それまでの自己認識を一切変えることなく（たとえば、「私は教員である」という認識は何ら変わることなく）、しかしその自己認識がより深いところからつかみ直され、ある種の「自覚」へと深まって、その人の行為を根本から変える。その時、その人はあらためて自分自身になると言っても過言ではない。あるいはまた、この把握によって従来の自己認識そのものが一変することもある。何かをきっかけにして思いもよらぬ自分の一面に気づき、それによってそれまでの自己認識がすっかり色合いを変えてしまう場合もある。自分でも信じられないほど恐ろしいことをしてしまった自分を目の当たりにして、「これは夢だろうか、これが本当に私なのか」と驚愕することも、時として人には起こる。

こちらの自己認識は（これは「自覚」と言い換えてもよいものだが）、このようにさまざまな形で現れる。だが、どんな現れ方をしようとも、その自己認識は自分で主導した能動的理解というよりは、むしろ思いもよらずそうわかってしまう、すでにそうあった／そうあってしまった自分自身に不意に気づかされてしまうという奇妙な性格を共通に持っている。この時、私は自分で自分をそのようにつかむと同時に、むしろ逆に自分が何かによってつかまれた、自分が自分でない底知れぬものからあらためてつかみ直された、そういう受動を同時に経験している。先ほどの垂直的な「深さ」とは、この奥底からつかまれる体感にほかならない。この垂直的な深さが、先述の平坦な「知識」ではなく、「本当はこうなのだ、これこそ本当だ」と思い知らされるような深くリアルな自己認識を生み出すのである。

さて、この不思議な受動の経験の根源にあるのは、何か決して私の自由にならないものによって、私というものが丸ごと、どのような支えもなくほしいままにされているような感覚である。私はこの感覚を、〈私〉という存在の偶然性と呼びたい。なぜなら、そこでは私という存在そのものが、自分にはどうにもならないひとつの根源的偶然の産物として自分自身に自覚されるということが起こっているからである。

この自覚の経験は、自分が本当は何ものであるかをたしかにつかんだという自己認識のリアルな「確実性」と、そのたしかにつかんだ事柄そのもの——私がたしかにこの私であること——が、じつはその根源において「偶然」であったということとの、決してどちらかに解消されることのない強烈な緊張関係から成り立つ。この確実性が深まれば深まるほど、偶然性の感覚もまた同じだけ深くなる（第二章で田中美津が言う「かけがえのない私がたまたまの私でもある」とはこのことを示している）。「〈私〉という偶然」という言葉が問題にしようとしているのは、このような意味での偶然性なのである。

このような自己認識と偶然性との関係は緩んだゴムのようなものではなく、また一方が他方を包摂し消化してしまうものでもない。「私がこの私であること」には、私を丸ごとほしいままにしてしまうような特殊な偶然が構造上備わっている。この偶然なしには、私は決して私にはならなかった。しかしこの偶然は私を生んでその中に溶けて消えたのではなく、そうして生まれた私という自己認識には絶対に包摂されない不気味な異物として、私につきまとい続ける。この偶然は自分が生み出した「ほかならぬこの私」「このかけがえのない私」というたしかな自己認識全体を深く貫いて、繰り返しその自己認識を自分の底なしの懐へと揺り戻すのである。他方、揺り戻される当の私は、私であるかぎりつねにそれに驚き、その揺り戻しに永遠に抵抗し続ける。「〈私〉という偶然」とは、人間の生が運命づけられたこのような運動にほかならない。

さて、目次に目を移すと、そこで扱われているさまざまなテーマの、よく言えば多様性、悪く言えば統一感のなさに驚かれるだろう。また、この本の中の一部に具体的に興味をもって――たとえば田中美津という人物に関心があって、あるいはアルコール依存症の問題を考えたくて――本書を手に取られた方も、それらと並んでまったく違う事柄を扱った論考が入っていることに戸惑われるかもしれない。

本書は私が過去に書いたいくつかの論文をリライトし、あらためて順番をつけて収めたものである。したがって、目次の多様性は、もともとの私の論文が研究対象という点で統一性を持たなかったことを示している。このことは、今にして振り返ってみればいくつかの理由がある。何よりもまず、私は自分の関心がいま述べたようなひとつの偶然にあること、そして人がその偶然を自覚する不思議な瞬間にあるということを、最初はあまりよくわかっていなかった。自分が何をやっているのか、自分の関心の中心がどこにあるのか自分自身でもどこか曖昧なまま、手探りでそのつど突き当たった異なる問題に取り組み、研究を続けていた。先ほどの関心は、そういう長い試行錯誤を経て、ようやく少しずつ自分自身の腑に落ちていったものだった。

しかも、私はこの問題を最初から誰か著名な哲学者の思想に結びつけて、たとえば「偶然性」や「自覚」などの真っ向からの哲学的トピックとして、理論的に考えることがどうしてもできなかった。それは、抽象的・理論的思考に対する私自身の資質のなさでもあったが、それと同時に、私が心を打たれるのはいつもなぜか、いわゆる哲学の専門研究とは直接あまり関係がない本の中に書かれていた言葉や、たまたま聞いた人の会話、他愛のないテレビドラマや漫画のワンシーンだったりした。私にとっては、それがそのまま、先ほどの「そのつど突き当たった問題」となったのである。そういう何気ない日常の言葉やシーンの中に不意を突いて裂け目のように現れては消え、私を驚かせる不思議な瞬間を、どうすればつかまえ、少しでも何か哲学的な言葉に関わらせることができるかがつねに気になった。

とはいえ、こうした実例はなぜ私にとってこれほど強い魅力を持っているのだろうか。本当は、ここで「実例」という言葉を使うのはおかしい。それらはもともと、確固とした何らかの哲学的な問題や理論の「実例」として私の前に現れたのではないからだ。まったく逆に、私が惹きつけられたのは出来事そのものだった。そこで私に何かを垣間見せる出来事そのものに――その「何か」が何であるかはわからぬまま、そこで起こっていることの全体に――私は惹きつけられていた。そこで自分が見て聞いて感じたこと、惹きつけられた自分のその感覚、それを言った人の口調や些細な身体の動き、その時の空気の匂いのようなものまでが、すべてを含んでその「出来事」であり、それは後からどのように再現しようとしてみても(実際にどれほど細かく文章としてそれを描写してみても)、決して言い尽くすことができない「何か」をつねに含んでいた。そこには、私が知っている哲学の理論からはつねにはみ出すものがある。というよりも、極言してよければ、私にとって哲学の理論はその余るものをできるかぎり正確に指すためにだけある。平たい言葉で言えば、私はそうした出来事に触れて、「私にとってはこっちが本物だ」と直観したのである。

しかし、それは「哲学が偽物だ」という意味では決してない。逆に哲学がなければ、私は決して「こっちが本物だ」と（直観はしても）言うことはできなかった。すべてのピースを組み上げてできる出来事の「像」と、その出来事が「現実の出来事」であることとの間には決して超えられない深い断絶がある。そこにはつねに最後のピースが、しかしあるはずのない、ありえないピースが欠けている。哲学もまた、その最後のピースを欠いたまま、出来事の像を組み上げようとする作業であることに変わりはない。だが、哲学だけが、その組み上げ作業の徹底的な遂行を通じて、そこにある断絶を――つまり「こっちこそが本物だ」というそのことを――裏返しに指し示すことができるのではないか。私が惹きつけられた出来事と、そこに含まれるありえない「何か」をただ指し示す哲学とは、その意味で両方必要だったのであり、どちらが欠けてもこの本はできあがらなかったように思える。

こうして取り組んできた一見バラバラなテーマは、今となってみると、「〈私〉という偶然」をめぐるひとつの関心でつながっていたことがわかる。田中美津、アルコホーリクス・アノニマスの二人の創始者や今もこのグループに集う多くのアルコール依存症者たち、マイケル・サンデル、シモーヌ・ヴェイユといった、国も置かれた状況もまったく違うさまざまな人々の中に、「私」という存在の奥底にある不思議な暗さに触れ、それに驚き、そこから新しい自分を再びつかみ直そうとする動きを見てとることができる。それだけではない。彼らはみな、不思議なことにそこから必ず「他者」との出会いへと開かれていくのである。

この本を読まれた方に、この「〈私〉という偶然」に対するまさに不思議（思議できない）としか言いようのない驚きをわずかでも感じてもらえるなら、この本にも積極的な意味があったと言える。そうした驚きがいつか長い時間をかけて沈殿し、「他人が本当にそこにいる」という奇跡のような、しかしどこか懐かしく切ない感覚につながっていくこと――おそらく、それが私がこれらの論文を書いていた時の願いだった。それはまた、本書の遠い目的でもある。

では、本書の内容を簡単に述べておこう。

まず、第一章では、いま述べたような「〈私〉という偶然」に貫かれた自覚の問題を正面から扱い、それをあらゆる人の存在の根本に生じている根源的な偶然として論じている。また、この章で少し触れた田中美津や科学の問題は第二章で再度とりあげ、くわしく論じることになる。

第二章では、「この世界にたまたま生まれる」瞬間に生じた偶然につながる二つのテーマが論じられている。ひとつは、一九七〇年代のウーマン・リブ運動の中心で活動した田中美津という人物が語った「永田洋子はあたしだ」という言葉をめぐるものである。また、もうひとつは、現代の遺伝子工学を用いた生命操作に対するマイケル・サンデルの批判を手がかりにし、そこから障害の問題にまで話を進めている。

第三章は、アルコホーリクス・アノニマスというアルコール依存症の自助グループの創始時の出来事を中心にした二つの節で構成されている。ここでは、とりわけ自分自身のありのままの姿を受け取り、他者との関わりの中で「私がこの私であること」を誠実に受け入れていこうとする人間の姿、その自覚のありようを論じている。

第四章では、シモーヌ・ヴェイユという哲学者を扱う。最初の節は「〈私〉という偶然」には触れず、科学をめぐるヴェイユの考察を題材にしている。しかし、そこで彼女が繰り返し言及する、世界の奥底にある消えない「暗さ」は、本書で扱おうとした偶然性につながるものである。さらに、第二節で扱ったのはヴェイユの「不幸」の問題である。彼女は「私はなぜこの私なのか」という問いの極みを、時として人間を襲う「不幸」という出来事に見る。そこでは、先ほど述べた「私がこの私であること」の確実性と偶然性の両極が最高度の緊張となって現れる。「人間の生はありえない。これを感じさせるのは不幸だけだ」というヴェイユの言葉は、不幸において生じるこの緊張を見事に表現している。本書のタイトルは、人間の生の不条理を端的に示すこの言葉を用いて名づけた。

これら、それぞれの章において扱われる異なる出来事の中に、論じても余る何か、言葉にすることのできない何かを少しでも指し示すことができていたら、心から嬉しく思う。

第一章

〈私〉という偶然

1 「この日なたはわたしのもの」

「絆」という言葉がこれほど繰り返し、強く、多くの人に使われるようになったのは、もしかしたら今がはじめてではないだろうか。街角を歩いていても、テレビやインターネットを見ていても、この言葉に触れない日はないように感じる。おそらく、その背景には、相次ぐ自然災害や収拾のつかない原発事故、絶えることのない戦争やテロ、さらには社会の中にじわじわと広がる格差や分断への、人々の漠然とした不安が隠れているのだろう。また、気がつくと誰もが直接に目を合わせず、ひたすらスマホや携帯の画面を覗き込んでいることへの奇妙な違和感も――もちろん、その電子空間の中で私たちはみな「つながって」いるのであり、そのことはとても大切なのだろうけれども――ひょっとするとあるのかもしれない。

少しひねくれているのかもしれないが、私はこの「絆」という言葉をほとんど使ったことがない。何だかとても使いにくい。それどころか、自分があまり使わないこの言葉を耳にするたびに、つい「絆はそんなに簡単に結べるだろうか」と思ってしまう。たとえば、一七世紀フランスの哲学者であるパスカルが「この日なたはわたしのもの」という言葉を挙げて、これがこの世界における横領の始まりであり縮図だと述べたように(1)、人間は余裕がある時は仲良くできても、いざとなれば互いの領分を主張して場所の取り合いになるのではないかと考えてしまうのである。

こうした見方は、普段は疑わないようなことをわざわざ疑ってかかる「哲学」ならではの悲観的な邪推かもしれない。世の中はパスカルが言うような人間ばかりではない。中にはぎりぎりまで他人を思いやり、踏ん張ることができる立派な人もいる。事実、本当にそういう人間は存在する。とはいえ、それが簡単にできないのもまた人間ではないだろうか。かく言う私もまた、「この日なたはわたしのもの」と限界がくれば必ず言ってしまう弱い――立派ではない――人間であるように思う。いまそう言わずに済んでいるのは、たまたま自分が運よくそう言わずに済む、まだ余裕があるところにいるからではないだろうか。少し運が悪いところに置かれれば、メッキが剥がれて、私が思ってもみなかった私が突然顔を出すのではないか。

しかし、こうしたことをいかにもわかったような風で口にすれば、実際に人と人との間を取り結んでよりよい社会を作ろうとしている人々からは、「そんなことは言われなくてもわかっている」と叱られることだろう。そのような人々は、パスカルが言う結ぶことがむずかしい絆をどうすれば結ぶことができるか、誰かと〈共に〉生きることがどうしたらできるかを、学者のように頭の中でひねくり回すのではなく、日々具体的に実践しながら必死に考えているからだ。

そして、じつは私もまた「人間は人間に対して狼である」とだけ言いたいわけではない。誰かと一緒にいること、誰かが共にいてくれること、誰かと共に生きることは、決してはかない理想や夢幻ではなく、この現実の世界の中で事実起こっているはずだ。だが、その際の〈共に〉には、通常考えられている以上のとても深い意味があるのではないか。私たちの多くは、ひとたび余裕をなくして運が悪いところに置かれれば、「この日なたはわたしのもの」と最後には言ってしまいそうになる弱い存在だ。その意味で、先ほどのパスカルの言葉は正しい。しかし、だからこそ、人々が互いに共感し共にいることができるということはひとつの奇跡のようなものであり、それが起こる時、そこにはとても深く貴重な意味があるはずだ。現実の社会の中で人と人とを取り結ぼうと具体的に骨を折る、その人々の実践の底で起こっているのは、そのような奇跡ではないか。

この章で最終的にたどり着きたいのは、この〈共にいる〉という奇跡である。この奇跡とは何か、それが言葉にならないとても深いところで実際に起こる可能性があるとはどういうことかを、この章では「〈私〉という偶然」という言葉を手がかりにし、「哲学」を出発点としながら考えてみたい。

2　哲学が求める知

さて、いま私は〈共にいる〉という奇跡を「哲学」から考えてみたいと書いた。だが、哲学とはそもそも何をする学問なのか。もちろん、哲学を通じていろいろな思考法や役に立つ考え方を手に入れることはできる。だが、そうしたものはとくに哲学でなくても得られるだろう。とすると、哲学でなければ得られない知とは何なのか。哲学とは何について、どのように考えていこうとする学問なのだろうか。

一〇〇人の哲学研究者がいたら、これにはおそらく一〇〇通りの答えがあると言っても過言ではないだろう。そのひとつとして、たとえば「哲学とはさまざまな物事を徹底的に〈根本から〉考えることだ」と答えてみることもできる。しかし、これではまだ十分に答えたことにはならない。たとえば、「どうして人を愛するのだろう」と徹底的に根本から考えなくても、それより先に、私たちはすでに誰かを愛している。愛されなくて悲しい思いもする。「生とは何か」と根本から考えなくても、それ以前に、私たちはもうここで生きている。だとしたら、今ここですでにしているそのことを、どうしてあらためて〈根本から〉考えなければならないのだろうか。

さらに、哲学が求めるその根本的な「知」というのは、あまりにも根本的過ぎて何かしら言っても詮無いことのようにさえ思われる。つまり、哲学が何事かについて徹底的に考え、「これがその〈根本〉にある知だ」とわざわざ言挙げしても、それはほかの知識のように有用な、生きていくうえで役に立つ広範な知識にはならないのではないか。たとえば、科学的知識やＩＴの技術、語学、あるいは法学や経済学といった領域の知識は非常に有用であり、社会を直接に変える大きな力を持つだろう。これに対して、哲学の「知」が人間や社会をすぐさま具体的に変えることはおそらくない。それどころか、哲学が求める「知」とは、それをあえて言葉にして、しかも難解な言葉ではなく平易に言おうとするならば、どこか非常にありきたりで陳腐な、言いたいことが上滑りするようなものになりかねないようにさえ私には思える。

哲学とはおそらくそういうものだ。先ほどの「愛」にしろ「生」にしろ、わざわざ考えずともすでに起こっていること、私がここでもうしている当たり前のことを哲学はとりあげ、それを〈根本から〉考えようとする。しかも、その知は、知識を広げ社会を直接変えるという点で役に立つものではない。それでもなおそれについて言挙げし、わざわざ語ろうとするならば、それはひどく難解な言葉になるか（そしてそれゆえに妙にありがたがられたり、煙たがられたりするか）、あるいは逆にどこか陳腐で上滑りした言葉になってしまうかのいずれかだ。

しかし、ここでもう少し考えてみよう。自分に今ここですでに起こっていることについて、あえて「これはいったいどういうことなのだろうか」とふと振り返ってみる。自分とは何だろうか。気がついたら恋に落ちたり、愛したり、悲しんだり、喜んだり、時には「もうどうでもいいや、こんなろくでもない世の中だし」とふて腐れたり、あるいは逆に何も考えずにボーっと生きていたりするこの自分とは、いったい何だろうか。あるいは、私たちがそうやって生きているこの世界とはいったい何か。いま私が知らず知らずのうちに、誰から教わったわけでもないのにすでにしている「誰かを愛する」こと、「生きている」ということ、これはいったい何なのだろうか。

こうしたことを考えてみることは、知識を広げることではない。それは、自分自身や自分が今ここでしていること、その自分が属している世界そのものをより〈深く〉理解することだ。それは私たちが「自覚」という言葉で呼んでいるものにほかならない。もちろん、そういうことを掘り下げて、そこで哲学が見つける「知」は、先ほど言ったように直接に役立つ形で今すぐこの世界や自分を変えることはない。自覚とは、すでにそうあった自分をあらためて見つけることだからだ。

だが、その一方で、自覚とは「本当に自分自身になる」ということでもあるはずだ。たとえば、「自分が父親であることをはじめて自覚した」と言う時、その人はその前後で「父親」であることに何ら変わりはない。しかし、この時、その自覚の前後で、言葉にならないような仕方でその人の何かが根本から変わるはずだ。何がどう変わるのか、それを言葉にして言うのはむずかしいが、たしかに何かが変わる。その変化は当人のふとした振る舞いや言葉などを通して現れる。「あの人、最近変わったね——何がというわけじゃないけど、何か変わったよね」ということが起こる。それゆえ、自分自身を深いところからつかみ直すこうした「自覚」としての知こそが、じつは自分と、自分が生きる世界とを奥底から変える力なのかもしれない。哲学が対象とする「知」とは、そのように自分自身を決定的に巻き込みながら、私たちの世界をやがて〈根本から〉変えていく力をもつ知なのかもしれない。

ただ、その知は、いま「言葉にならないような仕方で」と言ったように、ひとつの「学問」として言葉にしようとするならば、下手をすると非常にありきたりで上滑りするものになってしまいかねない、危うく脆い、ていねいに扱わねばならないものだ。そこをどうやって、どんなふうにていねいに自分で納得し、人にもわかってもらうかというところに、「哲学」のひとつの仕事があるように私は思う。

3 なぜ私なのか——Why-me-question

さて、そのようにして哲学が見てとろうとする事柄——「自覚」の事柄——の中に、そしておそらくその核心に「〈私〉という偶然」が、つまり「私が〈この私〉である」という不思議な偶然がある。「私が〈この私〉であるということ」——こんなことを徹底的に根本から考えてみなくても、すでに間違いなく私はこの私だ。私は「脇坂真弥」であって、この「脇坂真弥という私」以外の何ものでもない。これをいくら考えたからといって、私がこの私以外のものになるなどありえない。しかし、私にとってこれほど不思議な偶然はない。

私はなぜこの私なのだろうか。私が〈あなた〉で、あなたが〈私〉でもよかった。今こうしてこの文章を書いているのはあなたで、私があなたとしてこれを読んでいてもよかったはずなのだ。どうして私が〈私〉で、あなたが〈あなた〉なのだろうか。

「何を言おうとしているのか、さっぱり意味がわからない」と言われてしまいそうだ。どうして私が〈私〉で、あなたが〈あなた〉で、その逆ではなかったのか——これをもう少し具体的に示してみよう。たとえば、一九七〇年代に日本の「ウーマン・リブ」運動の中心で活動し、現在は鍼灸師をしている田中美津（一九四三—）は次のように語っている。

このあいだの橋桁《はしけた》の下敷きになって死んだ人たちもそうだろうと思うわ。工事に手抜きがあって橋桁の強度がなんとかかんとかって原因追究されても、その人にとっても家族にとっても、どうして他の人間じゃなくって、自分が、娘がそこで死なきゃならなかったかということが一番大きい問題だと思うのね。人間ってそういうもんじゃない？

（田中、二〇〇五、二〇頁）[2]

ここで彼女が言っているのは次のようなことだろう。悲惨な事故に対して客観的な原因追究がされ、工事会社や自治体へ責任が問われる。だが、そうしたことがすべてなされ、損害賠償まで済んでも、被害者はそれで納得がいくということはない。亡くなった人たちや遺族にとって何よりもつらく大きな問題は、「なぜ他の人間ではなく私が／私のこの娘がその時たまたま橋桁の下にいて、そこで死なねばならなかったのか」ということではないだろうか、と。

これが先ほど述べた「どうして私が〈私〉で、あなたが〈あなた〉でなければならなかったのか」という問題だ。もちろん、これは「事故の原因追究などどうでもいい」という意味では決してない。原因追究は徹底的にされねばならない。しかし、被害者の本当の苦しみは原因追究や賠償によって解消されることはない。彼らの真の苦しみは、「なぜあの時あの場所にいたのが、他人ではなく、この私（この私の娘）でなければならなかったのか」という答えのない問いを問い続けねばならないところにある。それを見逃してはいけないと田中は指摘している。

「なぜそれが私でなければならなかったのか」、「なぜ私は〈この私〉でなければならなかったのか」――〈私〉という偶然をめぐるこうした問いを、英語圏では Why-me-question と呼ぶ。

これは非常に深く重い自覚の問いだ。この問いが典型的に現れてくるのは、この橋桁事故の例がそうであるように、何の落ち度もなく不意に降りかかってきた事故や病気によって、自分が思いもよらぬ苦しみに陥った時だろう。

この問いに答えはあるのだろうか。この後くわしく見るように、おそらくこれは普通の意味で納得できるような「答え」が戻ってくる問いではない。この問いは、人生やそこで起こる出来事にわかりやすい意味や慰めを与えてくれるような答えが戻ってくる問いではなく、まるで虚空に問いかけるような、問うても答えが戻ってこない問いだ。そして、この問いに何の答えもないことが人を徹底的に苦しめる。この問いに答えがないということは、世界が根本的に不条理であるということにほかならないからだ。

4 人間の根本にある偶然

この問い――「どうして私が〈私〉で、あなたが〈あなた〉で、その逆ではなかったのか」「なぜそれが私でなければならなかったのか」という問い――は、たしかに先ほどの悲惨な事故のような極限状況で典型的に現れる。だが、これはそういう思いもよらぬ苦しみを味わった人にだけ生じる特殊な問いなのだろうか。むしろ、この問いは今この時、私たち一人一人のそれこそ〈根本〉に響いているのではないか。こう言ってもよいだろう。「私が〈この私〉である」というこの不思議で恐ろしい偶然は、誰にでも、つまりあなたにも私にも、今この瞬間に起こっていることではないだろうか。

たとえば、先ほどの田中美津は次のようにも言う。

どう考えてもね、私を決定づけてるものって、私が選べなかった条件なのよ……。〔…〕どこの家に生まれたかとか、どういう顔に生まれたかとかさ。人生でとってても大事なことって選べないようになってるじゃない。その上に立って選択とか何とか言ってるだけであって、もう、たまたまっていう部分がものすごく広いわけじゃない。それがわかった上で選択って言ってるだけであってね。（上野・田中、一九八七、三〇頁）

一見自由に見える今のこの私、そして実際にそう見えるだけではなくて、ある程度はもちろん自由な選択ができる自分の「現在」が、その根幹で自分にはどうしようもない、選べなかった偶然に支配されているということ——田中がここで言おうとしているのはそういうことだ。たとえば私は、この時代に、この日本に、この家族の元に、この身体をもって生まれてきたことを選べなかった。私には選べなかったこれらの条件が現在の私の根幹にあり、今もなお私を規定し続けている。田中の別の端的な表現を用いるなら、「「かけがえのない私」なんだけど、それはまた、「たまたまの私」でもある」(上野・田中、一九八七、三五頁)のだ。

このことをもう少し考えてみよう。私がこの時代に、この日本に、この家族の元に、この身体をもって生まれてきたということ——それは、要するに私が「脇坂真弥」であるということ、「私が〈この私〉である」ということだ。そして、それは私が選んだのではない。同じことはあなたにもあてはまる。あなたが、その時代に、その場所に、その家族の元に、その身体をもって生まれてきたということ——それは要するにあなたが「〇〇××」という名前の人間であるということ、「あなたが〈そのあなた〉である」ということだ。そして、それは決してあなたが選んだのではない。

あなたがそのあなたとして生まれてくることをあなたは選べず、私がこの私として生まれてくることを私は選べなかった。私たちは「私が〈この私〉である」ことの根幹を選べない。それはあなたや私の手の届かないところで、まったく何の理由もなく偶然に決まったのだ。この理由のない偶然ゆえに、「なぜそれが私でなければならなかったのか」「なぜ私は〈この私〉でなければならなかったのか」というWhy-me-questionには、通常のような納得できる答えがない。私はまさに「たまたまの私」として、あなたはまさに「たまたまのあなた」として今ここにいる。そして、この偶然はじつは誕生の瞬間だけではなく、人生のあらゆる場面で、さまざまな形で私たちに降りかかる。(3) それゆえ、この問いは極限状況のみならず、一人一人の〈私〉の〈根本〉につねに響く問いであると、私には思えてならない。

5　究極の格差としての偶然

さて、この「なぜ私は〈この私〉だったのだろう」という問いが、ごく普通の日常を生きる人々の〈私〉の根本にも響いているのだとしてみよう。そうだとすると、この「偶然」は人間に究極の格差（不平等）をもたらすものではないだろうか。この格差は当人の努力や失敗によって、つまりその人自身の責任と言えるような何かの理由があって生じるのではない。それは何の理由もなくたまたま一人一人に割り当てられ、一生を大きく左右してしまう。たとえば、私は少なくともこの現代の日本に生まれてきたというかぎりで、とても運がよかった。もし私が、現代のように女性が職につくことも学ぶことも容易にはできない明治時代や、長い紛争で混乱するパレスチナのような場所に生まれてきていたら、私の一生はまったく違っていたことだろう。人は生まれを選べない。生まれてくるというそのことを選べない。これこそまさに

「不条理」だ。この不条理を、学生運動や水俣病をはじめとする社会運動に深く関わり、自身の四番目の星子という娘がダウン症の重複障害を持っている最首悟（一九三六―）は次のように簡潔に述べている。

自分が生れてきてしまう、生れてここにいる。そしてそのことに、自分が関わっていない。（最首、一九九八、八九頁）

それゆえ、もちろん人はこのような不条理を乗り越えようと努力するし、社会全体でこの格差をできるだけなくそうとする。たとえば、ジョン・ロールズ（John Bordley Rawls, 1921-2002）という哲学者が考えようとしたことはその試みのひとつである。彼は「無知のヴェール」という思考実験を行う。(4) これについて、いま問題にしている「偶然」に関わる部分だけをざっと説明してみよう。

「無知のヴェール」とは、自分の性別・年齢・経歴・身体的／知的能力・嗜好・社会的地位・財産等について、自分自身が一切知らないと仮定して行う思考実験である。もちろん、実際にはそのようなことは起こるはずはない。しかし、ここでは哲学のひとつの方法として「自分自身が誰なのか一切知らない」と仮定するのである。後になってヴェールをあげた時に、あなたはたいへんな資産家かもしれないし、何もかも失ったホームレスかもしれない。六歳の女の子かもしれないし、九〇歳の老いた男性かもしれないし、知的障害者かもしれないし、スポーツ選手かもしれないし、事故で両足を失っているかもしれない——それはヴェールをあげるまでは全然わからないと仮定する、これが「無知のヴェール」である。

このようなヴェールを被った状態で、そのまま考えてみてほしいとロールズは言う。あなたはどのような社会システムを望むか。ヴェールをあげた時に、あなたはどんな制度やルールのある社会にいたいか。私たちの社会に必要なルールを、ロールズはこうして導き出そうとするのである。

さて、彼はなぜこのような思考実験をするのか。その理由のひとつは、先ほど述べた「私が〈この私〉であるという偶然」が究極の格差をもたらすという問題に関わっている。自分がどのような社会のどの位置にどのような資質や能力を持って生まれてくるかは、みな偶然の賜物、「自然の宝くじ」によって決まる。さらに、そうして最初に得たものもいつ失われるかわからない。私は明日事故にあって自分の能力を失うかもしれず、社会的地位も財産も本当はきわめて不安定なものだ。それゆえ、ロールズは、私たちの生の根本を規定するこうしたくじ運の良し悪しを思考実験によって一度すべて洗い落とし、ある種の完全に平等なスタートラインを設定して、そこを出発点に社会のルールを導こうとするのである。

だが、ここで話をもとに戻そう。ロールズはこの思考実験において、「私が〈この私〉であるという偶然」を人々の間に究極の格差を生み出すものとしていったん排除しようとしている。もちろん、実際にはこの偶然は決して消えない。それでも、この思考実験によって、あなたに与えられた、あなたの自由にならなかった運不運を思考の中でだけでも一度なかったことにして、みな平等なスタートラインに並んでどんな社会を作るべきかを考えようと彼は提案する。つまり、ロールズがこの時洗い落とそうとしているのは、田中美津が語っていたあの「偶然」にほかならない。だが、この偶然は本当に消えた方がよいのか。

6　この偶然は消えた方がよいか

「私が〈この私〉であるという偶然」はたしかに究極の不平等をもたらす。しかも、この偶然は時に人に「なぜ私でなければならないのか」というどうにもならない、答えのない不条理な苦しみさえ運んでくる。だとすると、このような偶然はやはり消えた方がよいのだろうか。格差や苦しみの元であるような偶然はすべて、きれいに消してしまえるなら消してしまった方がよいのか。

私はそうは思わない。「そうは思わない」と言うことはじつはとても恐ろしいことなのだが、それでもやはり「そうは思わない」と言いたい。

もちろん、「偶然を消してはならない」ということは、この偶然によって現実に起こるさまざまな問題をそのまま放置してよいということではない。それはまったく違う。たとえば障害があり車椅子で移動する人には、自由に歩ける人との間を埋めるスロープが必要だ。先ほどの橋桁落下でももちろん徹底的に原因が追究されねばならず、被害者に対する賠償や救済策が絶対に必要である。そうすることによって、どうにもならない残酷な偶然を、不条理を、少しでも埋めていかなければならない――ロールズの思考実験もそのためのものであり、それはまったく正しいことだ。

しかし、そうやって埋めて、埋めて、埋めて、そのこと自体はよいし、やるべきことなのだが、そうしてあらゆる手を打った時に、「補償もしました、裁判も済みました、責任者や加害者は裁かれました、じゃあ、これでもうよいですね、この偶然は全部埋まりましたね」ということになるだろうか。

もちろん、決してそうはならない。あらゆる手を尽くしても決して「埋まらない」何かがそこにはある――それがこの偶然の残酷さだ。田中美津が橋桁事故の例で述べていたのは、まさにそのことだった。

そして、もうひとつ、これがもっとも大切で、また言葉にするのがもっともむずかしいことなのだが、この偶然は埋めようとしても埋まらないだけではなく、私たちが「埋めます／埋めましょう／埋まりましたね／きれいさっぱり消えましたね」と絶対に言ってはならない何かではないだろうか。こう問うてもよい。補償をし、社会のルールを変え、あらゆる手を尽くす時、私たちが埋めているのはこの偶然なのだろうか。それは違うのではないか。私たちが埋めているのは偶然そのものではなく、それが社会の中でもたらす具体的な不利益であるはずだ。それにもかかわらず、私たちは不利益を埋めることによって恐ろしい偶然そのものを消したのだと、つい思い込みたくなる。

しかし、この思い込みはとても危険なのではないか。むしろ、逆にこの偶然にこそ私たちの根幹が、私たちの生の大切な原点があるのではないか。たとえば、先ほどの最首悟は次のように言う。

> この不条理、これこそ私たちの原点です。そこを合理的に、これこれ、こうしたら、この障害の辛さは減りますという。水俣病にしても、これで少しは辛さが減るでしょうと予想を立てる。そんなことはないんです。そのところを凝視して、そこに私たちが手放してはいけない何かが、簡単にくってはいけない何かがある。
>
> （最首、一九九八、三三六頁）

どのようなことが、いろんなことが実現したとしても、障害自体どうなるもんじゃあない。そのことによって人生どうなるもんじゃあない。そのところのすれ違いが大きいのです。つまり、障害をもっていない人や行政的な立場の人の方が、あるいは一般的に物事を考える方は、どういうことをすれば障害をもつ人の環境が楽になって、そして、障害をもつ人の気持も少しゆるやかになるか、家族も少し気持がほぐれるのか、と考えたりパパッと言ってしまう。生活が楽になることはいいです。ひとまずいいことです。けれど、その先は、言っちゃあいけない、というか、言うこと自体が間違っている。（最首、一九九八、三二三頁）

ここで述べられているのはとても不思議なことであり、それが何であるかを理解するには細心の注意が必要だ。一見、ここで最首は「痛い部分に触らないでくれ、この偶然は当事者のどうしようもない苦しみで、他人にはどうにもできないんだから、できることだけしたらこのまま放っておいてくれ」と言っているように思える。だが、彼が言っているのはそういうことだろうか。もしそれだけなら、これはきつい言い方だが「よくあること」だ。苦しんでいる人が他人の手を「お前になんかわかるか！　放っておいてくれ！」と振り払う。それは私たちがよく見る光景だ。

しかし、ここで言われていることは少しだけ——でもその「少しだけ」が決定的なのだが

――少しだけ違う。もう一度、たとえば先の二つの引用の最初のものを見てほしい。そこでは最後にこう言われていた。「そこに私たちが手放してはいけない何かが、簡単にくってはいけない何かがある」

このことはとても奇妙だ。通常、「なぜ私が〈この私〉でなければならなかったのか」という苦しみを背負った当事者――たとえば、ここではたまたま水俣の漁村に生まれ、水俣病に苦しむことになった人々や、重い障害をたまたま持って生まれた星子や、その父である最首自身がそうなのだが――そういう当事者には、もし運命が自分の思いどおりになるならばこのような不条理は決してあってほしくなかった、こんな偶然の〈私〉など手放せるものなら手放したい、もっと別の星の下に生まれたいと心から思う瞬間があるはずだ。その願いがどれほどのものか、私には想像もつかない。

ところが、最首はこの恐ろしくつらい「偶然」に対して、とても奇妙なことに「そこに手放してはいけない何かがある」と断言する。この偶然には手放してはいけない、消してはならない何かがある。この偶然こそグッとつかんでおかなければならない絶対に大切な何かだということ――これはいったいどういうことなのか。最首が意地になっているのか。彼は意地になって、自分や、自分の娘が背負った苦しみにただ固執しているだけなのだろうか。

7 「〈共に〉しえない」ということを〈共に〉すること

そうではない。なぜなら、最首はここで、この偶然こそ触ってはならない究極の「私（プライバシー）」であり、他人には絶対に代われないその人の核心（尊厳）だと述べているからだ。[5]

だが、次の点にはよくよく注意しなければならない。最首が言うこの「私（プライバシー）」とは、通常かけがえがないとされる各人の個性や人格ではない。そうではなく、私がある個性や人格をもった私として（つまり〈この私〉として）たまたま生まれて、今ここにいるという不思議な偶然の事実そのもの――この偶然それ自体が他人には絶対に代われない私の核心なのだ。それは5で示した「自分が生れてきてしまう、生れてここにいる。そしてそのことに、自分が関わっていない」と最首が語った、まさにその偶然である。時に人を苦しめ、絶句させるこの偶然が私の核心である。他人がこの偶然に触ってはならないのは、相手が痛み苦しむからではない。そうではなく、この偶然こそが相手のもっとも大切な存在の核心（尊厳）だからなのだ。

「私が〈この私〉であるという偶然」は決して触ってはならないその人の中心であり、それを誰かが勝手に理解したり、埋めたつもりになったり、ましてや肩代わりすることは絶対にできない。それは私たちのあらゆる本物の苦しみと喜びの源だ。もしもこの偶然がすっかり消えてしまったら――すべてが私たちのコントロールできるものになり、あらゆる出来事に合理的な理由や説明がつくようになり、あの不条理がもしすべて消えたら――その時、私たちは本当に喜んだり、悲しんだりできるだろうか。私たちの本物の、まがいものではない心からの喜びや悲しみは、じつはこのどうにもならない偶然にこそ根ざしている。最首が言うとおり、「この不条理こそが私たちの原点」なのだ。

さて、ここまで来て、ようやく最初に立てた〈共にいる〉という奇跡へと問題を戻すことができる。いま私はこう書いた――「私が〈この私〉であるという偶然」は決して触ってはならないその人の中心であり、それを誰かが勝手に理解したり、埋めたつもりになったり、ましてや肩代わりすることは絶対にできない、と。これはつまり、今これを読んでいる一人一人が、互いに理解できない、誰かに埋めてもらうことのできない、他人に肩代わりしてもらえない「私が〈この私〉であるという偶然」を、それぞれ別々に背負って生きているということだ。だが、もしそうなら、私たちはやはりばらばらなのだろうか。私たちは完全に分断されているのか。最初に問うた〈共にいる〉ということ、その〈共に〉ということが起こる奇跡のような場所は、やはりどこにもないのか。

もし、この〈共に〉ということが「あなたと私が同じ内容の経験をしている」という意味ならば、それはどこにもないだろう。私が経験している〈この私〉の具体的な内容は、あなたが経験している〈そのあなた〉の具体的な内容とは違う。私が生きている〈私〉の内容と、最首悟が生きているであろう〈私〉の内容とは、比べようがないほどに違う。その意味では、私たちは簡単に理解し合えないところに置かれている。そして、互いをこの「経験内容」という次元で見ているかぎり、「あなたより私の方が苦しい」と比べたり、あるいは自分よりも苦しそうな人に対して同情と同時に苛立たしさや奇妙な嫉妬さえ感じてしまう。そういう不幸比べのようなものが絶え間なく起こっているのが現代という時代であるように、私には思える。

だとしたら、真の〈共に〉が起こる場所は、各々が経験する具体的なそれぞれの〈私〉の経験内容とは無関係なところにあるはずだ。それはいったいどこか。

それは、おそらく次のようなただひとつの事実をおいてほかにない――私に〈この私〉がたまたま降りかかってきているように、あなたにも〈そのあなた〉がたまたま降りかかってきている、つまりこの「偶然」は私に起こっているだけではなく、隣にいるあなたにも起こっているという、その事実である。私は〈あなた〉でもよかったのに、たまたま〈私〉を生きている。そしてこの偶然は、今この瞬間私を主語にして起こっているだけではなく、あなたを主語にしても起こっている。この事実に気づくということは、互いの苦しみの内容や程度がどれほど違おうとも、それぞれのまったく違う〈私〉を誰もが皆たまたま背負って生きているという事実を自覚することにほかならない。(6) この自覚は、それぞれがまったく違う、決して〈共に〉することのできない〈私〉をたまたま抱えているという事実、その事実だけを〈共に〉する可能性を切り開く。この可能性を田中美津は次のように言う。

> 己れの闇は己れの闇。共有しえない闇の重さの、共有しえないということを共有していくしかない
>
> （田中、一九九二、一〇二頁）

この「共有しえないということを共有していく」時にはじめて、私たちは隣に本当に誰かがいることに気づく。私とはまったく違う経験内容を生きる他人が、しかし私と同じようにそこにいるということに気づく。そうではないか。このことこそが、最初に述べたあの〈共にいる〉という奇跡なのではないか。

現代という時代の大きな特徴は、この「偶然」から人が目を逸らし、できればそれをすべて消し去ってしまおうとするところにある。ひとつには科学が非常に発展し、ついにこの偶然の外皮に触れるところにまで進んできたからだろう。だが、そこにはもうひとつ大きな理由があり、それこそが科学の発展の隠れた原動力になっているのではないか。その理由とは、この偶然の恐ろしさだ。人間にとってこれ以上に恐ろしいものはない。大切なかけがえのないこの私の根幹が、自分にはどうにもならない偶然に支配されている——これほど恐ろしいことがほか

にあるだろうか[7]。

正直に言えば、私自身もまたこんなことはわかりたくない。頭の中で理屈で考えるのではなく、心底これがわかるということは本当に恐ろしいことだろう。しかし、その恐ろしい予感と並んで、もしそれがわかってしまった時には、決して〈共に〉することができない〈私〉を私と同じように抱えて生きる誰かが——哲学で言うところの「他者」が——そこにいますようにという、ある種の願いのようなものもまたそこにはある。

「この日なたはわたしのもの」と言ってしまうとても弱い人間に、もし誰かと〈共にいる〉という奇跡が起こるとしたら、それは誰にも肩代わりできないこのような「偶然」をお互いが生きている、あなたにも私にもそれが起こっているという深い自覚をそのつなぎ目にしてでしかないだろうと、私は考えている。

第二章

「私という真実」を生きる

第一節

〈ここにいる女〉の生

田中美津論

二〇年か、あるいはそれ以上前だったか、ある講演会に招かれたひとりの女性が「だって、幼女って色っぽいでしょう」と言った時のことを鮮明に覚えている。その人が幼時に性犯罪を被った当事者だったこともあり、会場は一瞬何とも言えない雰囲気に包まれた。嘘をつかない、正直である、誤解を恐れない――そういう言葉でも形容できるが、それをはみ出すような何かがその小柄な女性にはあった。それは、私がかつて著作や対談集から感じたその人そのままの姿だった。それが田中美津である。

田中美津（一九四三―）は一九七〇年代に日本のウーマン・リブ運動の中心的存在として活動した女性である。現在は鍼灸院「れらはるせ」を開設し、鍼灸師として患者の治療に専念する一方で、沖縄の基地問題にも積極的に取り組んでいる。一九七〇年夏、田中は「リブ」という言葉も知らぬまま、女性解放の長文ビラ「便所からの解放」を一晩で書き上げて集会で配り、それを受け取る女たちの反応に「鉱脈を当てた」かのような手応えを感じた。彼女を中心とした「ぐるうぷ闘う女」はリブ運動でもっとも先鋭的なグループであり、一九七一年夏、三〇〇名以上の女たちを集め、熱気にあふれる第一回リブ合宿を開催した。フェミニズムに先駆け、しかしフェミニズムとは色合いの異なる女たちの運動の先頭に立った彼女は、「一度リブになったら一生リブ」と言い切って、現在もなおそれを生きる女性である。

田中美津の活動や思想は、社会運動としての女性解放の領域を超えて多くの研究者の関心を集めている。たとえば生命倫理やスピリチュアリティの視点から彼女に注目した文献には、森岡正博や島薗進による論考がある。森岡正博によれば、田中は一九七〇年代の「優生保護法改悪反対運動」において、自分を中絶の「殺人者」として感じざるをえない女の内面に立脚し、女に殺人を強いる社会の構造をつきつめようとした。そこには「胎児は人間か否か」「女性には中絶する権利があるか」といった理屈では中絶する自分を正当化できない、とり乱す女の真実がある。森岡は、このような田中の立場を「単なる「倫理」「ヒューマニズム」を超えた地点から思索を開始している」として、みずからの生命学の地平と重ね合わせる（森岡、二〇〇一、一六八頁）。そのうえで、彼は田中の原点である「とり乱し」という考え方を詳細に分析し、自身の男性としての「とり乱し」をもって彼女の哲学に真摯に向き合おうとする（森岡、二〇〇一、第四章）。

また、島薗進は、七〇年代の田中美津のラディカルなリブ運動と九〇年代の鍼灸師としての活動に通底する「いのち」（生命的欲求）という言葉に注目する。島薗は、いのちをめぐる田中の欲求が、力点は違ってもいずれも自己や心身の解放を志向していることに着目し、「痛みと喜び、未来への憧憬と今ここの実践」が彼女のいのちにはつねに含まれていると分析する（島薗、二〇〇七、二二三―二二七頁）。そのうえで、島薗は田中を「八〇年代以降に展開する、フェミニスト・カウンセリングやアダルト・チルドレンなどのセルフヘルプ運動の中に見いだされる解放のスピリチュアリティの系譜の、独立独歩の具現者」として高く評価する（島薗、二〇〇七、二六―二七頁）。

私もまたこれらの論者たちと同じように、「学」の手前にあって「学」を圧倒する彼女の立ち位置に強く惹きつけられる。田中の著作を読んでまず打たれるのは、自分に徹底的にこだわり、「私という真実」（三二八頁）から決して離れまいとするその独特な生き方だろう。[1] 後に見るように、彼女は幼時に被った性犯罪とそれに由来する梅毒の罹患という二つの「原体験」（九一頁）を自分の原点ととらえ、そこから生じる痛みのリアリティをつかんで離さない。その激しいこだわりは、「己れの闇は己れの闇。被差別部落民の、在日朝鮮人の、百姓の闇を、あたしたちは共有できない」（二四一頁）という言葉に鮮明に現れている。

しかし、彼女の「私という真実」が興味深いのは、それがたんなる「私」へのこだわりに終わらないからである。彼女は「私」への強烈なこだわりを一歩も譲らぬまま、同時にこのこだわりだけを梃子にして、そのままではとうてい不可能に見える他人との「出会い」を語り出す。「己れの闇は己れの闇。他人の痛みは共有できない」と言う一方で、切り離された他人との出会いを語る――このようなことを可能にする田中の「私という真実」とは、いったいどのようなものなのだろうか。

この問題を考えるうえで大きな手がかりとなるのが、「永田洋子はあたしだ」（田中、一九八三、五三頁）という田中の言葉である。この言葉には、非常に特殊な、しかし決定的な他人との出会いが現れている。周知のとおり、永田洋子は連合赤軍の幹部であり、一九七二年二月、あさま山荘事件の直前に逮捕された。その後、連合赤軍メンバーの間でリンチ粛清、いわゆる「総括殺人」が繰り返し行われていたことが発覚し、数々の遺体が掘り出される。永田は獄中で脳腫瘍に罹患し、一九九三年に死刑判決が確定するが、刑を執行されることなく二〇一一年に獄死した。田中が『日本読書新聞』に「永田洋子はあたしだ」と題する文章を書いたのは一九七二年六月、総括殺人が暴かれて世間が驚愕し、犯人たちの中で唯一の女性であり、しかもリーダー格だった永田洋子に対して、激しい非難と興味本位の報道が浴びせられている最中だった。

永田洋子と田中美津は現実に接触した経緯があり、そこから両者の関係をていねいに探っていく論考も数多くあるが、ここではそれは行わない[2]。本節で考えたいのは、「永田洋子はあたしだ」という田中の断言に象徴的に現れている自他の出会いの意味である。同じ形の発言は、「ベトナム戦災孤児はあたし」（一一四頁）、「永山則夫はあたしだ」（一七三頁）など、彼女の著作の中に散見される。こうした発言は、田中が他人と出会う独特な形をはっきりと示している。本節は、この出会いの意味を、田中の「私」に対する強烈なこだわりとの関係に焦点を絞って考察したいのである。「己れの闇は己れの闇、他人の痛みは共有できない」として譲らぬ田中が、その一方でまったく逆に他人を自分だと言い切る。この断言の意味は何だろうか。それは、

「己れの闇は己れの闇」という彼女の「私」への強い固執とどのように関係するのか。「永田洋子はあたしだ」と言う時、田中はどのような仕方で他人（永田洋子）と出会っているのだろうか。

以下、1ではまず「己れの闇は己れの闇。他人の痛みは共有できない」という彼女の直観と「永田洋子はあたしだ」という自他の出会いとの関係について、「エゴイズムを克服して他人と出会う」ととらえる方向と「自分の体験内容に基づいて他人を共感的に理解する」ととらえる方向とを各々検討してみたい。「永田洋子はあたしだ」という出会いをこれらの方向で解釈することは誤っているのだが、その誤りを具体的に明らかにし、考えるべき問題を正しく位置づけることが1の目的である。そのうえで、2では「私」に対する田中の強いこだわりの意味を、彼女の原体験に遡ってくわしく考察する。この固執の核心には、自分のいのちの根源的偶然性に対する深い自覚（痛み）がある。彼女が「共有できない」としたのはこの自覚（痛み）にほかならない。この自覚は「私が田中美津であること」という「私」の最深部まで届き、それゆえにどこまでも「一人」で負うしかない痛みであることが、そこで明らかになる。3では、この一人で負うしかない自分のいのちの偶然性に対する自覚がどのような自他の出会いを生みだすのかを考察し、彼女の言う「とり乱し」と出会いとの関係を明らかにしてみよう。

なお、こうした考察にあたって、本節では一九七〇年代から現在にいたるまでの田中のさまざまな著作や対談、発言を平行して用いる。これに対しては、かつてリブという社会運動に身を投じたが現在は鍼灸師として個人を治療する彼女の変化を考慮していないのではないかという疑念が当然生じると思われる。しかし、現在まで、田中は繰り返し「自分は同じことしかしていない」と言い続けている。これは具体的なひとつひとつの仕事や言動に関する発言ではなく、そうした具体的な所作を通じて「私は要するに何をしているのか」という所作の意味のレベルに対して言われたことだろう。このレベルから見れば、彼女は何をしていても「私という真実」から離れない生き方をし続けていると私は考える。本節が田中のこの生き方を照らし出すことができれば、結果的にこの疑念にも答えることができるだろう。では、その考察を始めてみよう。

1 「永田洋子はあたしだ」という言葉

エゴイズムの克服か

「己れの闇は己れの闇」としてひたすら「私」にこだわり、「他人の痛みは共有できない」と断言する田中が、その一方で「永田洋子はあたしだ」といううきわめて特徴的な他人との出会いを語る。この二つの事態の関係はどのように理解されるだろうか。いくつかの考え方があるだろうが、その中からまず退けておきたいのは、この関係を単純に「自己への固執（エゴイズム）を克服して他人に出会う」と解釈する立場である。この立場を退けるのは容易だが、その際に現れるいくつかの事柄には注目しておく必要がある。

田中の「私」への強いこだわりには、彼女自身が後に「それってまったくのエゴよね」と振り返るように、まさしくエゴイズムとしての一面がある（田中、二〇〇九、二八九頁）。「自分の心にあいた穴しか見え」ず、それを埋めるために「身を粉にしてがんばるってことがすごい喜びだった」という彼女の姿は、自分自身の苦しみへの執着ともとれる一面をたしかに見せている（田中、二〇〇九、二八九頁）。

しかも、田中の「私」へのこだわりは、いわゆる実存的に深い我執というよりは、むしろ私たちが通常避けて克服したいと思うような、他人を省みない身勝手に見えるものを含みさえする。たとえば、ベトナム反戦運動の最中に言われた「ベッドの中にまでベトナム戦争が入り込んでくる」という言葉に対して、彼女は「男と寝ている時に、ベトナムも沖縄も、抑圧民族もへったくれもあるか！」と「自分だけにそっとつぶや」く（六九―七〇頁）。「あたしのベトナム反戦は、絶対ウソじゃない」のだが、それと「男と寝ている時に、ベトナムもへったくれもあるか」ということとは、彼女の中で常に「一対」である（七〇頁）。このような例は多々あるが、その中からもうひとつ印象深い「不謹慎」(田中、一九八三、四頁)な例を挙げておこう。大切な友人の葬式へ行く道すがら、八百屋で安い巨峰を目に留めた彼女は、葬式帰りに喪服姿でその八百屋へ急ぐ。同行した女性に「なぜ安いと知っていたの?」と尋ねられた彼女は我にかえり、悲しみに打ちのめされているはずの時に「安い! 帰りに買おう、なんてたとえ一瞬であれ考えた」自分にあっけにとられる(田中、一九八三、三―四頁)。

田中の「私」へのこだわりがこうしたある種のエゴイズムとも見えるものを含むことから、「彼女はこのエゴイズムを克服して他人に出会った」と考える傾きが生じるかもしれない。この解釈に従えば、田中は「私、私」というエゴイズムの殻を破って他人に対する理解へ開かれていったということになるだろう。したがって、「永田洋子はあたしだ」という発言の中に含まれる田中の他者理解は、彼女が狭い「私」と格闘し(「己れの闇は己れの闇」という「己れ」へのこだわりも、この狭い「私」に含まれる)、やがてこのエゴイズムを乗り越えた地点ではじめて生じることになる。その地点から振り返れば、彼女の「私」への固執は自己の成長の中で最終的に克服されるべき課題として、すなわちいずれは手放すべき未熟な一段階として位置づけられるはずである。

では、この解釈はなぜ間違っているのか。それは、この解釈が次のような単純な誤りを犯しているからである。田中は、バセドウ病を患っていた永田洋子と、幼時に被った性犯罪のため二一歳で梅毒の罹患が判明した自分自身について、次のように書いている。

若くしてその後の後半生に濃い色どりを加えるであろう病を得たことの、その外見は同じでも、しかし、イタズラをされた女がすべてリブをやるに至る訳ではないのと同じく、あたしと永田洋子のたどってきた道は、それはどこまでも交わることのない二筋の糸。それを知って、なおかつ己れを永田洋子だといい張るあたしの想いとは、それを記すだけでもたぶんこの原稿の枚数をあふれる字数となることだろう。（田中、一九八三、五五頁）

ここで田中は、自分と永田が若い女性としてつらい病を得たという外見は同じでも、決して両者を等しく語ることはできず、それぞれがたどる道はどこまでも交わらない平行線だとまず明言している。そのうえで、なおかつ彼女が自分を永田洋子だといい張っている点に注目しよう。つまり、永田洋子と出会う田中は「己れの闇は己れの闇。他人の痛みは共有できない」という事実を手放したり克服したりしているわけではまったくない。それどころか、両者がどれほど似た境遇にあっても、「一人で生れ、一人で死んでゆく個体としての人間であれば、それはどこまでいっても交わらない二本の線」（二七八頁）と考えることを田中は止めない。そのうえで、この「己れは己れ」という交わらない事実の直観とは一見正反対の「永田洋子はあたしだ」という主張が、他からは（あるいはおそらく彼女自身にとってさえ）まさに「いい張る」としか見えないような仕方で、「なおかつ」自分の中に存在することを田中は伝えようとしている。「己れは己れ」という事実の直観と「永田洋子はあたしだ」という出会いの主張とは、このように彼女の中で同時（なおかつ）なのである。

「エゴイズムを克服して他人と出会う」という考え方は、何よりもこの同時性をとらえ損なっている。「己れの闇は己れの闇」としてひたすら「私」にこだわり、「他人の痛みは共有できない」と直観することと、「永田洋子はあたしだ」という形で他人と出会うこととは、田中においてつねに同時に重なっているのである。

体験内容の普遍化か

では、あらためて、「私」に徹底的にこだわることと他人と出会うこと（永田洋子はあたしだ）とが田中において重なっているのだとすれば、それをどのように理解するべきだろうか。

ここでもまた、田中自身の発言をとりあげてみよう。彼女は一九八七年に行われた上野千鶴子との対談で、次のように述べている。

「私、私」って言って、ずっと言い続けていると、大江健三郎じゃないけれど、ひとつの穴

をずうっとほじくっていると、社会や人類一般につながる道に出るかもしれない
（上野・田中、一九八七、二一二頁）

この田中の発言は、「私」への強い固執がそのまま他人との出会いに直結する可能性を示唆している。ここで触れられた「大江健三郎」は、田中がこの対談の一五年前に、『いのちの女たちへ』で引用した大江健三郎の『個人的な体験』の次の一文を念頭においての発言だろう。

個人的な体験のうちにも、ひとりでその体験の洞穴をドンドン進んでいくと、やがては人間一般にかかわる真実の展望の開ける抜け道にでることのできる、そういう体験はあるだろう。
（二一四頁）(3)

『いのちの女たちへ』で大江のこの一文が引用されているのは、田中が自分の個人史（詳細は後述）について語った部分である。幼時に被った性犯罪と二一歳で発覚した梅毒罹患を抱えて、身動きがとれない罪悪感に一人苦しんでいた田中は、ある時たまたまベトナム戦災孤児の問題に触れて「ベトナム戦災孤児はあたし」と直観する。その直観が生じる直前の箇所に、この一文はとくに説明もなく唐突に置かれている。しかし、その意図は明白である。先ほどの引用に

もあったように、「私」の体験に徹底的にこだわり続けることがそのまま他人との出会いに直結する可能性を田中は大江の言葉に見たのであり、だからこそ彼女はこの一文を「ベトナム戦災孤児はあたし」という自分とベトナム戦災孤児との「出会い」の直前に置いたのだ。

しかし、問題は個人的な体験にひたすらこだわり続けることがそのまま他人との出会いに、ひいては人間一般の真実にまでつながるという時の、そのつながり方の詳細である。自分と他人のこのようなつながり方として、具体的にどのようなものが考えられるだろうか。

すぐに思い浮かべられるのは、「私」の具体的な体験内容に基づいて「同じ体験」をした人々に共感する、自他の共感的なつながりの可能性だろう。「私」の体験内容やそこで感じたことから他人の気持ちを慮り、やがて他人一般を広く理解するということは当然考えられる。それは自分の体験を他人にもあてはめて共感し、普遍化していくプロセスである。田中における自他のつながりは、このような共感なのだろうか。ベトナム戦災孤児や永田洋子との出会いも、こうした共感の過程で生まれるのだろうか。

先ほど見た一九八七年の対談での田中の発言――「私、私、とずっと言い続けると、社会や人類一般につながる道に出るかもしれない」――は、一見このような意味に受けとれる。だが、この解釈も誤っている。上野千鶴子との対談をよく読むならば、むしろ逆に、自分の具体的な体験を普遍化し、そこから時代や社会、そこに含まれる他人について発言することに対する田中の非常に強い躊躇がうかがえるからである。

この対談の全般にわたり、上野は田中に対して繰り返し「私と時代」という問題を問うている。それは、かつてリブ運動において時代と激しく衝突した田中が、個人を超えて呑み込みながら変化する大きな時代の流れと自分自身との関係を、いま現在（一九八七年当時）どうとらえているのかという問いである。これは決して抽象的な問いではなく、一五年前のリブ運動の時代とは明らかに違う現在に生きる人々と自分との関係を田中自身はどう考えるのか、人々とどう関わっていくのかという、上野のきわめて具体的な問いかけでもある。ところが、面白いことに田中は上野のこの問いに積極的に答えることを、ほぼ一歩も譲らず拒み続ける。リブ運動の中心にいた田中とフェミニズムの旗手である上野がぶつかり合った興味深い対談は、上野自身が「あとがき」で記したように、両者の「ニアミス」（上野・田中、一九八七、二五三頁）に終わるのである。

千鶴子　私は私、時代とは関係ない、で終るのか、終らないのか。終らないなら、そのあとは、「だけど」とか、「しかし」とか続くわけね。

美津　マル［句点］のあとは、「点、点、点、点［…］」でね。

千鶴子　あ、逃げられた。

美津　でもあなた、わからないことはわからないって鮮度を持って維持し続けることはすごく大事なことだよ、私にとって。
千鶴子　開き直るのね。
美津　だって、本当にそうなんだもの。

（上野・田中、一九八七、二一五―二一六頁）

この「私は私、時代とは関係ない。［マル］」で終わるとも終わらないともつかない田中の「点、点、点［…］」の内実を明らかにしようとして、上野は田中をさまざまな方向から挑発する。しかし、田中はあくまでも「私ね、具体的に目の前に、自分の問題として近付いてこないかぎりは、だめな人なの」（上野・田中、一九八七、二一九頁）と主張して、上野の挑発に決して応答しない。「現代社会やそこに生きる人々に自分が何らかの関心を持つとすれば、それは具体的に目の前に現れた患者などとの個人的関わりを通じてでしかない」と言い続ける田中に対して、上野は、「その個別の経験を普遍化・一般化して、時代や社会について何かを言うことはできないのか、言うつもりはまったくないのか」と問いつめる。そして、田中の著書である『いのちの女たちへ』のメッセージが実際に持つ「普遍性」を挙げて、田中自身がそれをどう考えるのかを問いただす（上野・田中、一九八七、二二六―二二七頁）。

これに対して、田中は自分の具体的な体験内容を「普遍性」というレベルで語ることに、なおどこまでも躊躇している。そして、『いのちの女たちへ』をめぐって上野が指摘した普遍性について、ぎりぎり次のように答える。

そうだよ。自分にかまけるってことも普遍性高いよ、って私も言っちゃうけど、普遍性ってなんだろうね。

（上野・田中、一九八七、二二七頁）

田中はここで、迷いながらもやはり「普遍性」という言葉を使わざるをえなくなっている。だが、その際に重要なのは、彼女が何についてその言葉を使っているかである。彼女は普遍性という言葉をあくまでも「自分にかまける」という自分の生きる姿勢について使っているのであって、その姿勢をとることによって自分が体験した具体的な事柄（内容）を指して用いているのではない。この点は非常に重要である。田中によれば、「自分にかまける」とは、自分の行為や人生にあれこれと口を出されることなく、「かけがえのない私」を自分で抱きしめることを指す（上野・田中、一九八七、三五―三七頁）。自己憐憫ではない形でそれをするためには、「かけがえのない私」だけではなく「たまたまの私」も必要だと田中は言い、これが彼女の独特な立ち位置になるのだが、その「たまたま」という偶然性の問題については次の2で触れよう。

いずれにしても、ここで田中は「自分にかまける」こと、つまり「私」に徹底的にこだわり「私というリアリティ（真実）」から離れずにいるという自分の生きる姿勢だけをとりあげて、「その姿勢については普遍的でありうるかもしれない」と答えたのである。つまり、彼女が他人と共有できる何らかの普遍性を見るのは、「私」に徹底的にこだわるという生きる姿勢（構え）についてであって、その姿勢（構え）をもって自分が体験した具体的な事柄についてではない。

もちろん、体験の内容がよく似ていることは、出会いをもたらしやすくする大きなきっかけにはなりうるだろう。だが、それは田中が考えている「出会い」が成立するために絶対に必要な条件ではない。もし出会いの成立に似た体験内容が必要だとすると、自分とは異なる体験をもつ他人と出会うことはむずかしくなる。通常、私たちはそう考えがちで、たとえば生まれ育った環境や体験がまったくかけ離れた他人との間に相互理解や連帯を作りだすことは、不可能ではなくても非常にむずかしいと思われる。だが、田中はそうは考えなかった。それどころか、田中が念頭に置いている出会いとは、自分とはまったく違う体験をしているという点で異なる他人との間にも成り立つものである。そのことを示すために、上野との対談からもうひとつの興味深い「ニアミス」をとりあげてみよう。

この対談の中で、「実感」という言葉が微妙な争点になる場面がある（上野・田中、一九八七、二一七―二二五頁）。上野はこの言葉を「主婦的実感」「生活実感」などの、具体的な体験の中で個人が感じるリアルな感覚を指して用いる。そして、自分に具体的に関わる問題だけにリアリティを感じ、そういう問題だけを引き受けて考えると言い続ける田中を、上野は、自分に実感があることにだけ関わろうとする、ある意味で狭量とも見える立場にわざと位置づける。そのうえで、田中のような立場に立てば、たとえば主婦ではない自分、つまり「主婦的実感」をまったく持っていない自分には主婦の気持ちがわからず、自分は主婦問題について論じることはできなくなってしまうではないかと問いかける。

この箇所の二人のやり取りは一見複雑に交錯しているが、上野に対する田中の答えはよく見ると非常にシンプルである。たとえば、それは以下のような応答に典型的に現れる。田中は、自分にとってリアリティのあった事例として、鍼灸院で治療している若い肝臓ガンの患者を挙げ、それを踏まえて先の上野の問いかけに次のように答える。

千鶴子　［自分の不倫を上野に電話で話す人妻や、上野が講演に行く地域の女性グループの女たちのことを受けて］だけど、どちらも私の生活実感とは違うのよ。

美津　わたしだって、ガンの人としての実感があるわけじゃないからね。

千鶴子　そりゃそうだね。なんなのかなあ、［生活実感の違う他人に対する］そんな関心持たないほうがいいのかなあ。
美津　そんなことはないでしょう。

（上野・田中、一九八七、二二五頁）

要するに、田中はここで、自分がこの患者と本気で関わるために、同じガン患者としての実感は必要ではないと述べている。他人と本当に出会い、その人の抱えた問題に自分もリアルな関心を持つために、同じ実感は必要ではないのだ。あなた（上野）にもそれはわかっているはずだ、と田中は言うのである。[4] ここから明らかなように、自分に具体的にふりかかる問題だけにリアリティを感じ、それだけを我がこととして引き受けるという田中の主張は、いわゆる「実感」のある問題や同種の体験を共有する他人にのみ関わるという狭い意味では決してない。田中は、実感や体験内容をまったく共有しない他人とも出会っている。それは、彼女の考えている出会いに必要な要素が、そもそも実感や体験内容の類似性ではないからである。[5]

したがって、「私」への強いこだわりが他人との出会いにそのまま直結するという田中の主張を、通常の自他の共感的なつながりや、自分の具体的な体験を元に他人の気持ちを推し量る、いわば「体験内容の普遍化」として理解することは誤っている。それは、田中の言う出会いが具体的な体験内容に依存しないことを見落としているからである。田中の出会いにおいては、互いにどれほど似た境遇でよく似た苦しみを味わっていても、自他はそのことを条件として出会っているのではない。あなたと私はよく似た痛みを感じているという通常の共感は、田中が考える自他の出会いの本質的契機ではない。彼女と永田洋子が出会うのだとすれば、それは二人が体験した内容が似ているからではなく、もっと別の何かを理由としているはずである。

では、もう一度問題に戻ってみよう。「永田洋子はあたしだ」という田中と永田洋子の出会いが通常の共感とは異なる何かに基づくのだとすれば、その「何か」とは何だろうか。「私、私、と言い続けることだけが他人に通じる道を開く」と田中は語っており、しかしその意味は自分の体験内容の普遍化ではなかった。そうであるとすれば、ここに語られている「私」へのこだわりを、つまり「己れの闇は己れの闇。他人の痛みは共有できない」という田中の直観をあらためて見直してみることが、彼女の永田との出会いの意味を教えてくれるはずである。

2　いのちの根源的偶然性——私が田中美津であるということ

二つの「原体験」

「己れの闇は己れの闇。他人の痛みは共有できない」という直観を田中に与え、そこに現れる痛みや闇をもたらしたのは、先にも幾度か触れた二つの「原体験」——小学校就学前に被った性犯罪と二一歳で判明した梅毒罹患——である。

最初の出来事は彼女の実家の親しい従業員との間に起きた。そのせいもあり、この出来事は幼い田中にとって恐怖ではなく、むしろ「結構ワクワクした楽しい部分もあった」(田中、二〇〇五、二〇頁) ほどのものだった。『いのちの女たちへ』で、彼女はそれを「情事」(九七頁) と呼ぶ。彼女はそこに、両親が不仲だった幼い自分の「人の恋しさ」(九七頁) や、性にまつわる「ひそかな喜び」(九三頁) さえあったことを知っている。

しかし、この出来事は幼い田中が母親にした何の悪気もない告白から発覚し、その際の経験が彼女に大きな衝撃を与えた。この点は重要である。彼女に直接の衝撃を与えたのは、じつは性犯罪そのものではなく、その後の周囲の反応と、その反応を見て、出来事のすべてを瞬時に自分自身の罪や穢れとして受けとらざるをえなかった幼い彼女の「女」としての痛ましい心だった。少し長いが、『いのちの女たちへ』でこの時のことを振り返った田中の文章を引用しておこう。

珍しく母が、あたしを膝《ひざ》の上に抱きかかえ、髪などすいてくれたその日、あたしは母を喜ばすか、驚かすかしたい衝動にかられて、楽しい内緒話を耳うちするつもりで、男との秘めごとを告げたのだった。事態は急変した。それは今想ってもドラマチックなものだった。男が呼ばれた。せんさくと糾弾のための「会議」が招集された。／あたしはその「会議」に列席することを許されず、それより少し離れて座らされた。時々「……だったんだね？」という質問が飛んできた。その時のありさまを、あたしから聞きだした母が代弁して語り、あたしはそれにうなずくのが役目として負わされたのだ。そのうち、低められた声の間から「おまんこ」ということばが聞えてきた。うすら笑いと共に語られるそのことばに、あたしは自分の「罪」を「穢れ」を感じた。そしてさらに、隣の部屋で聞き耳をたてる兄弟の、大人たちの態度を引き写して、あいまいにささやき合い笑いを忍ばせてこづきあうそのさまを、伏した目のすみにとらえて、あたしは、己れの胸に縫いつけられた「緋文字」の意味を知ったのだった。

（九七―九八頁）

このときの母親や家族の反応は、起こった事実に直面しようとしない多くの親とは違ってある意味で正しかったと、後に田中は繰り返し語るようになる。母親の怒りの矛先も、実際には田中に対してではなく、加害者である男とその父親に向けられていた（田中、二〇〇五、六三、八八頁。田中、二〇〇九、二八〇頁）。しかし、それでもなおこの出来事は、彼女に次のような激しい「一人」の認識を与えることになる。

あたしはただただ寂しかった。親・兄弟といえども、一人で生れ一人で死んでゆくしかない個体としての人間……、知りたくて知った真実ではなく、云わばそれは誤ってめくってしまったページであった。自分のおなかが痛むということは、相手のおなかが痛むということとは、どこまでも違うのだ。「腹を痛めた我が子」などといっても、それはあくまで親の自己愛が言わしめることであって、もとより子の預り知らぬことなのだ。この世に生れでてあたしが得た、それは最初の認識であった。（九八―九九頁）

田中が最初の原体験から得たものは、自分は穢れた「罪人」であり、徹底的に「一人」だという認識だった。この「一人」という認識、つまりたとえ親子でも別の人間だという認識そのものは、成長すればいずれ当然誰もが持たざるをえない当たり前の考えであることを彼女は認める（九九頁）。しかし、それが後述するようなある特殊な規範に背いたという激しい罪の意識に誘発されて幼時に起こったことが、この冷たいけれどもごくありふれた認識を、常識的な深さをはるかに超えて田中の中に打ち込んだ。そして、二一歳でのもうひとつの原体験が、この最初の体験に対していわば駄目押しの役割を果たす。

どういう訳か、ある日突然自分の血液が汚れているのではないかという強迫観念を抱いて、検査を受けたらその予感が的中したという訳だった。信じられないような話だが、事実である。あたしの罪は確定された。（一一二―一一三頁）

幼時の出来事に起因すると思われる梅毒の罹患は、すでに罪悪感の虜だった田中にとって、自分はやはり「罪人」であり「本来生れてくるべきではない者」だったことをまさに「確定」する、「あたり一面、闇」となるような衝撃だった（九一―九二頁）。しかし、そうであるならばなおさら、彼女にとって決定的だったのは、事柄の枠組を与えた最初の原体験だろう。「己れの闇は己れの闇。他人の痛みは共有できない」という直観を解明し、そこから導かれる出会いを理解するための手がかりは、最初の原体験の中にこそある。この原体験が彼女に与えた認識と、彼女がそこで感受した痛みの性質を明らかにしなければならない。

二つの痛み

先ほど述べたように、最初の原体験の衝撃の重心は、性犯罪そのものというよりは、むしろ周囲の反応とそれを受けて生じた田中の自己理解にあった。無論、これは性犯罪がそれ自体としては悪ではなく、問題はその受けとられ方にあるという意味ではない。自分の身体にまだ無知な、それゆえに大人にはない生き生きとした直接的な生／性の感覚を持つ幼児を、その無知につけこんで利用する大人の行為は許しがたく卑劣極まりない。しかし、この出来事が周囲に明らかになった時、田中は正当に「被害者」になることはできなかった。まったく逆に、彼女の中に生まれたのは「自分が悪い、自分こそが穢れた罪人だ」という激しい罪悪感だった。そうなった直接の理由は、彼女自身の言葉からはっきり見てとることができる。

あんなにお母さんが怒るようなことが楽しかったなんて、なんて自分は邪悪な子どもだろうと、そう私は思い込んでしまって……。

(田中、二〇〇五、八九頁)

田中が通常の被害者になれず、罪悪感に囚われねばならなかった直接の理由は、ただ単に母が怒ることをしたからではなく(そもそも母の怒りは彼女へ向けられたものではなかった)、「私も楽しんだ」というまさしく「情事」に対する積極的関与の自覚が、彼女の中にはっきりとあったためである（田中、二〇〇五、六二頁）。しかし、もう一度繰り返すが、人恋しい幼児がそれを「楽しんだ」ことはいかなる罪でも悪でもない。罪を着せられるべきは加害者の男である。それにもかかわらず、なぜ彼女は一瞬にして自分を穢れた罪人だと感じざるをえなかったのだろうか。

それは、この時「自分は女である」という事実が、その事実に伴う特殊な社会規範とともに、幼い彼女の中へあらためて叩き込まれたからにほかならない。それによって、すでに女に生まれていた彼女の中に、この時はじめて「自分は女である」という明白な自己意識（自覚）が生じた。しかも、その自覚は彼女にとって喜ばしいものではなく、「〈女は純潔〉でなければならない」（二〇九頁）という特殊な社会規範に深く侵食されて、自分がそこからすでにこぼれ落ちた存在（罪人）であることを教える鋭い「罪悪感の痛み」として生じたのである。

規範から逸れたこの罪悪感を何らかの仕方で相対化し、罪人となった自分を「外」から見ることができなければ、田中は罪悪感に貫かれたまま身動きもできずに一生を終わり、彼女のリブは誕生しなかっただろう。では、この罪悪感の相対化はどのようにして起こったのだろうか。それを知るには、もう一度罪悪感の発生にまで遡り、彼女の言葉をたどり直す必要がある。

幼い田中がまず被ったのは、「〈女は純潔〉でなければならない」という規範から転落したことに直接起因する痛み、つまり「罪悪感の痛み」である。しかも彼女の転落は、彼女にとって、その責任を加害者である男に見て自分を免罪できるようなものではなかった。それは「私も楽しんだ」ような転落、ありていに言えば「おまえはみずから好んで転落したのだ」と彼女に痛烈に突きつけるような落ち方だった。それゆえ、この転落の痛みは彼女にとって誰のせいにもできない自業自得の罪悪感として、自分をめがけて落ちるべくして落ちてきた必然的な自責の痛みとして感じられる。「「私は被害者」のところにすっきり立てない自分がいて、楽しんだ自分を罰し続けたの」(田中、二〇〇五、六二頁)と彼女自身が後に振り返るように、規範の内部に彼女の逃げ場はなかった。この激しい罪悪感が、彼女から最初に言葉を奪う。

しかしながら、ある規範の下で自分を有責と感じ、罪悪感に囚われた人間が、それでもなおそこから正当に逃れうる可能性がただひとつ残されている。それは、自分を罪人にしている当の規範の拘束力の「外」に出ることである。「そんな規範はどうでもいい」と言える場所に立てるなら、たとえ規範の下では罪人とみなされるとしても、その人は罪悪感から解放される。規範の下でこそ感じていた罪悪感を、規範が力を持たない外から、「あの中にいたから生じた罪悪感であって、今の自分にとっては何でもない」と相対化することができる。それゆえ、田中もまた規範の拘束力の外へと、つまり規範そのものが意味を持たない場所へと脱出することを試みる。だが、それは容易なことではなかった。その理由は彼女が背いた規範の非常に特殊な性質にある。

「〈女は純潔〉でなければならない」という社会規範は、田中自身がリブ運動で明らかにしたように、「女である」こととほとんど表裏一体と言えるほど、つまり人が作った社会規範ではなくほとんど「自然」とさえ錯覚されるほど強烈に女の身体に食い込む規範だった。女である者がその拘束力の外に出てすっきりと自由になることは、頭では考えられても身体的にはほぼ不可能である。このことを説明するために、田中が繰り返し持ちだす次のような興味深いエピソードがある。

私自身の卑近な例でいえば、ある時、胡座《あぐら》をかいて何かやっていたんですね、女同士で話しながら。で、好きな男が入ってきたらしい気配を感じただけで、あっという間もなく私は胡座から正座に変えてしまって……(笑)。あぁ〜あと思いました。[…]／意識では、「女が、胡座をかいたっていいいじゃないか」と一〇〇%思っている。ところが、好きな男が入ってきたらしい気配を感じただけで、考えるまでもなくからだが勝手に動いて正座になってしまった。女への抑圧って、かように身体化しているのか、いやぁ驚いたって思いました。

(田中、二〇〇五、八五―八六頁)

いくら頭で「こんな規範などどうでもいい」と考えていても、身体が無意識にそれを裏切る。

この強烈な規範は女に「かように」深く身体化・自然化されているため、女であるかぎり、その人は事実上この規範の内部でこの規範に拘束されて生きることを強いられる。規範に背いて追放されること自体がこの規範の内部で起こるのであって、追放された当人は決して規範の外に出たわけではない。このように、この規範の外は、女にとって一見あるようで事実上存在しない。田中もまた女であるかぎり、規範の外がないはずはないと察しながらも、それがどのような仕方で存在するのかはまったく不明であり、そこへ脱出することなどなおさらできない。「外」を求めて得られないこの苦しい状況は、当時を振り返った彼女の次のような叙述に見事に表現されている。

［友人の女性たちが過ごす進学や結婚などのごく当たり前の日常を前にして］なにかに追いかけられる想いで、「それどころじゃないよ」、「それどころじゃないよ」、とあたしはつぶやき続けてきたのだ。［…］「それどころじゃないよ」、とつぶやくと、「今に」、「今に」、の声が聞えてきて、何が一体今に、なのかその疑問を疑問に思ったこともなく、ひたすら祈るような気持で、「今に」、「今に」の声の方に、あたしは手を伸ばし続けてきた。伸ばしても伸ばしてもつかむのは闇ばかりで……、しかし、それでも伸ばし続けることに、唯一、あたしの存在の可能性が賭けられていたのだ。（一〇〇―一〇一頁）

ここに語られているのは、「自然」とさえ感じられる強力な規範から来る罪悪感に幾重にも縛られ、いくら手を伸ばしても決して外に出ることができない息が詰まるような苦しみにほかならない。

ところが、やがてこの状況が、当事者である田中に「罪悪感の痛み」とはまったく別の性質の痛みをもたらすことになる。それは、自分が置かれたこのどうにもならない状況全体を目の当たりにすることに伴う、まったく新しい痛みである。この新たな痛みは、その構造の中に古い罪悪感を含みつつ、しかしそれよりもさらに深くへと達する。この新しい痛みは自分がこのような特殊な規範の下に置かれ、そこから出ることもできずに罪悪感に苦しまねばならないこと自体に瞠目する自覚として姿を現すのである。これほど特殊な規範を持つ世界の下に、女である者として、なぜ私がたまたま生まれてこなければならなかったのか——絶句のような問いとなって現れるこの痛みは、自分が今いる現在が自分にとって動かすことができない所与の必然的事実であるにもかかわらず、その根源においてまったくの偶然に委ねられていることを田中に教える。自分のかけがえのない「いのち」が委ねられているこのような根源的偶然性について、彼女は後に上野千鶴子との対談の中で次のように述べる。

どう考えてもね、私を決定づけてるものって、私が選べなかった条件なのよ……。［…］どこの家に生まれたかとか、どういう顔に生まれたかとかさ。人生でとっても大事なことって選べないようになってるじゃない。その上に立って選択とか何とか言ってるだけであって、もう、たまたまっていう部分がものすごく広いわけじゃない。それがわかった上で選択って言ってるだけであってね。

（上野・田中、一九八七、三〇頁）

自分では動かしようのない自分の現在が、その根幹でまったくの偶然に委ねられていること――いのちのこの根源的偶然性は「私はほかでもありえたが、なぜか今たまたまこのようにある」という不思議を意味しており、その裏には「私はほかでもありえた」という可能性がつねに貼りついている。しかし、それは知られても決して実現することのない、すでに死んだ過去の可能性である。田中にとって、知ってもいまさら詮無いこの可能性を知ることは、自分がいる八方塞がりの現在の「外」をまざまざと見せられながら、同時にそこへは決して行けないことを宣告されるに等しい。それゆえ、自分のいのちの根源的偶然性の自覚である新たな痛みは、古い罪悪感の痛み以上に激しい痛みとなる。

加えて、このようなことがわかったとて、規範の下で罪人とされた彼女の世界の「内」での位置は簡単には変わらない。この自覚は、この世の内の布置をいきなり一〇〇％変えるような物理的力は持たず（事実、田中は好きな男が入ってきた気配で胡坐を正座に変えた）、この世の規範によって「罪人」とされた者をわかりやすく痛みから解き放つこともない。実際、田中は最初の著作である『いのちの女たちへ』を二〇年後に文庫化した際の「あとがき」で、「泣いてる私は今でもボーゼンと泣いて」（三二八頁）いるとして次のように言う。

心の傷を癒したい、癒せなければ幸せにはなれない、と長い年月固く思い込んでいた。だがしかし、心が癒えるとは一体どういうことなんだろう。改めて考えると、それはわかるようでわからない。だって過去において悲しかったことはズーッと悲しい。今でも悲しい。振り返れば私はいつだって元気で、そして悲しく、悲しくってそして元気だった――。

（三二七頁）

しかし、かけがえのない私がたまたまの私でもあったというこの底なしの偶然性の自覚は、単なる無力な自覚ではない。「私はほかでもありえたが、なぜか今たまたまこのようにある」という自分を貫くこの新しく深い自覚は、自分を閉じ込めた八方塞がりの世界そのものを丸ごと相対化する力を持っているからである。この自覚は、自分を閉じ込めている「現在」が複数の可能性の中でたまたま実現したひとつの枝にすぎないことを彼女に教える。それ以外の可能性は死に、ただひとつの可能性がたまたま生き残って自分の「今」となった。自業自得の必然的な痛みとして感じられていた罪悪感とそれを生じさせている世界は、より大きな全体から見ればひとつの偶然の産物でしかなかったのだ[6]。

それゆえ、この新たな自覚は、過去から今にいたる「私」という存在がその根幹においてはひとつの「偶然」であることを彼女に告げ、規範や罪悪感を含むこの世界全体を根こそぎ相対化する力を持つ。この時、実際にそこへ出ていくことはできなくても、ないはずの「外」がはっきりと感じられ、いま自分が閉じ込められている「内」であるこの世界がひとつの偶然であったことに彼女は気づく。それはいくら手を伸ばしても届かなかった闇の奥底から、逆にバラバラであった自分がひとつにつかみ直されるような強烈な自覚の体験ではないだろうか。

この気づきにおいてはじめて、彼女は自分がその虜となっていた強固な罪悪感を、それに囚われている自分自身とともにその根幹から揺るがすことができる。それゆえ、「偶然性の自覚」として現れるこの新たな痛みは、紛れもない痛みであるにもかかわらず、同時に古い罪悪感からの解放となりうる。それは、この世での通常の免罪とはまったく違う意味をもつ解放なのだ。田中のリブがもつ魅力と凄みは、彼女がつかんで離さないこの「偶然性の自覚」にこそある。

田中の原体験における痛みの性質について、ここまで考察してきた。そこには二つの異なる痛みがあった。その一方は特殊な規範に背いた「罪悪感」という具体的な内容を持つ痛みであり、他方はその痛みを相対化する、自分のいのちの根源的な偶然性の自覚としての痛みである。

後者の新たな痛みは、かけがえのない自分のいのちがその根幹において自分にはどうすることもできない偶然に左右されているという事実を彼女に教えている。この事実、すなわち「かけがえのない私」がじつは「たまたまの私」でもあるという事実こそが、彼女の言う「私という真実」にほかならない。田中の「私」に対する強いこだわりは、この真実から、つまり自分自身のいのちの偶然性から離れずに生きたいという彼女の意志を――この真実をつかもうとする彼女の非常に強い「握力」を――示しており、1で見たように、そのように生きる「構え」だけが彼女にとって何らかの普遍性を持ちえた。そして、このようないのちの根源的偶然性の自覚にまで至ったがゆえに、田中のリブは女に課せられた規範を糾弾して具体的に社会を変えようとする運動であると同時に、あらゆる人の生に関わる哲学的・宗教的ともいえるテーマを持って、さまざまな人々を惹きつけることになる。

たまたまそこに生まれ、たまたま出会った事柄によって背中の荷の重さが違ってしまうという事実と、人はどう折り合いをつけて生きていったらいいのか、私にとってそれは生涯かけてのテーマなの。それは結局神様仏様との関係になるのかもしれないけど。

（田中、二〇〇九、二八二―二八三頁）

しかし、ここでは考察をもとに返そう。田中は、この原体験から激しい「一人」の認識を得ていた。自分は徹底的に一人だということの認識が、「己れの闇は己れの闇。他人の痛みは共有できない」という彼女の直観と同じものであることに異論はあるまい。そうであるとすれば、この一人の認識において一人で負うしかないと考えられているものを明らかにすることによって、彼女が触れた偶然性の自覚（痛み）の意味により近づくことができるはずである。

私が田中美津であること

最初の原体験から得た一人の認識を、田中は「親・兄弟といえども、一人で生れ一人で死んでゆくしかない個体としての人間……〔…〕自分のおなかが痛むということは、相手のおなかが痛むということとは、どこまでも違うのだ」と語っていた。これとほぼ同じ文言を含む資料が、『いのちの女たちへ』に収められている。

一人で生れ、一人で死んでゆく個体としての人間。あなたが〈おなかイッパイ〉になったことは、私が〈おなかイッパイ〉になったことではないという限界を、あたしたちはどこまでもお互い同士もっている。

（二五一頁）

ほぼ同じ内容だが、こちらの引用の方には微妙な言い方で、しかしよりはっきりと人間が互いに「共有できない」と田中が考えているものが表現されている。それは〈おなかイッパイ〉という具体的感覚ではなく、「私が〈おなかイッパイ〉になったこと」である。つまり、人がどこまでも「一人」で負うしかないのは、具体的な「おなかの痛み」ではなく「自分のおなかが痛むということ」、より正確に言うなら「おなかの痛み」という具体的感覚がこの自分に起こっているという事実それ自体なのだ。

この違いは、先ほど2で見た二つの痛みの違いに正確に重なっている。「おなかの痛み」は具体的な「罪悪感の痛み」に重なる。これに対して、「自分のおなかが痛むということ」は、そのおなかの痛みがほかならぬこの私に起こっているという事実の自覚である。つまり、「自分のおなかが痛むということ」は、具体的な罪悪感の痛みがこの私に起こっているという事実そのものに瞠目する「新たな痛み」の自覚に重なっている。この自覚は、自分にこれほどの罪悪感を感じさせるような特殊な規範を含む世界に、女である者として、なぜ私がたまたま生まれてこなければならなかったのかという、自分のいのちの偶然性に対する驚きに満ちた気づきを意味していた。

たった一人で負うしかないと田中が考えているのが、この後者の痛み、すなわち自分自身のいのちの偶然性に対する自覚（痛み）であることは明らかだろう。田中の視線は「おなかの痛み」という具体的な感覚ではなく、その「おなかの痛み」が落ちてきたのがたまたま私であるという偶然の事実の方へ向かっており、次の引用に見られるように、この視線の向きはつねに一貫している。

> このあいだの橋桁《はしけた》の下敷きになって死んだ人たちもそうだろうと思うわ。工事に手抜きがあって橋桁の強度がなんとかかんとかって原因追究されても、その人にとっても家族にとっても、どうして他の人間じゃなくって、自分が、娘がそこで死ななきゃならなかったかということが一番大きい問題だと思うのね。人間ってそういうもんじゃない？
>
> （田中、二〇〇五、二〇頁）

さて、しかし人には「おなかの痛み」だけではなく、喜怒哀楽を伴うさまざまな体験が起こる。だとすれば、当然、それらすべての体験について、見えやすさの違いはあれ、その体験が落ちてきたのがたまたま「私」であるということは成り立つだろう。たとえば、努力して受験に合格した人にとって、その喜びは努力した自分に当然与えられるべきものだが、その時、その喜びが生起する場所がたまたま私であるということも同時に言えるのではないだろうか。努力が報いられたという喜びとは別に、そのような喜びを喜ぶことができる状況に私がたまたま生まれてきたという事実が、そこにはあるはずだ。努力に耐えうる心身の健康から、受験ができる経済環境や教育環境、さらには受験制度があるということまで含めて、そのような布置に自分がいることはそもそも偶然なのだから。それゆえ、合格の喜びは自分の努力の当然の報いだが、同時により大きな全体から見ればそれはまさに偶然の産物でもある。合格の喜びが落ちてきたのが私であることは、このような視点からすると決して自分の功績ではない。それは、その根幹において同時に偶然の賜物である。

このような視点から見れば、自分に起こるあらゆる体験は、それが苦しみであれ喜びであれ、たまたま「私」に起こっている。これを次のように言いかえることもできるだろう。田中美津のすべての体験が起こる場所、いわば「田中美津」という体験そのものが生起する場所が、たまたま私なのである。1の最初でとりあげた、身勝手とも言える田中の言葉の真意はここで明らかになる。友人を亡くした深い悲しみから安い巨峰に喜ぶ小さな快楽まで、あらゆる「田中美津」の体験が生じる場所がたまたま「私」なのだ。彼女はこの事実に、すなわち「私が田中美津である」という究極の偶然に触れて驚いている。彼女が自覚した「いのち」の偶然性の射程はここまで長い。

このきわめて長い射程を持つ、抽象度の高い偶然に対する驚きを何とか言葉にのせようとして、田中は次のように言う。

ヒトそれぞれの人生は、いってみれば偶然の連続だ。そもそも、あたしにとっては、あたしがこの世に生まれでたということが、最大の偶然としてある。しかもその偶然が人間の一生に決定的な要素を持ち込むという、問題はそこだ。
（田中、一九八三、一八四頁）

田中はここで自分の誕生という出来事をとりあげている。誕生は自分に起こったひとつの体験ではあるが、同時に自分に起こるほかのすべての体験の始まり、つまり「田中美津」という全体験の起点である。誕生の瞬間、自分がほかでもありえた可能性はすべて死に、ただひとつの「田中美津」という可能性だけがたまたま実現した。つまり「私が田中美津である」ことが生じた。その瞬間、私にとっての「内」であるこの世界がはじめて決定的に、しかしまったく偶然にかたどられた。したがって、誕生とは、いわばこの世のぎりぎりの際にある、「内」と「外」との境界をなす象徴的な出来事である。田中が誕生を「最大の偶然」と言う時、彼女は誕生という決定的な出来事を通して、それが指し示す究極の偶然を、つまり「私が田中美津である」という偶然の生起を透かし見ている。

以上、田中が他人と「共有できない」と考えた自分のいのちの根源的偶然性に対する自覚（痛み）が、「私が田中美津である」という究極の偶然にまで届きうることを見た。原体験が彼女に与えた偶然性の自覚は、自分がたまたま「女である」という偶然のみならず、「私が（たまたま）田中美津である」という私の根幹をなす偶然にまで達している。私はほかでもありえたが、たまたま田中美津であるということ――この偶然こそが、誰もが負いながら、しかし他人とは決して共有できず、どこまでも「一人」で負う以外にないと彼女が直観した痛み（闇）の核心である。

では、このように徹底的に「一人」である者がどのようにして他人に出会うのか。最後にその問いに答えねばならない。

3　とり乱し――自分と出会い、他人と出会う

結論から言えば、田中は、人はどこまでも一人だが、しかしその「一人」であることによってこそ他人と出会うのだと考えていた。実際、彼女は次のように言う。

> 己れの闇は己れの闇。共有しえない闇の重さの、共有しえないということを共有していくしかない　（一〇二頁）

出会っていくということは、なぐさめるのでも、抱きかかえるのでもなく、互いに共有しえない闇の、その共有しえないということの重さを共有していくことなのだ。（一五八頁）

「田中美津」という体験が他人と比べて軽かろうが重かろうが、その体験がたまたま「私」に落ちてきたという事実――「私が田中美津である」という偶然――は、どこまでも一人で負うしかない。それが「己れの闇は己れの闇。他人の痛みは共有できない」ということの意味である。私がほかでもありえたにもかかわらずたまたま田中美津であるということは、私が負っている私のいのちの偶然であって、たとえ親子であってもそれを代わることはできない。「痛み――闇とはそれを闇と感じる個人にとっては常に絶対的なものだ」（二四〇頁）と彼女は言う。[7]

しかし、誰にも代われない自分のいのちの偶然をたった「一人」で負っているのは私だけではないという事実に、何かをきっかけにして私が気づくことがある。「共有しえない闇の重さの、共有しえないということを共有していく」とはこの事実に対する気づきであり、この気づきこそ田中の言う「出会い」にほかならない。たとえば「ベトナム戦災孤児はあたし」と彼女が言う時、そこにはこの気づきが、すなわち出会いが起こっている。

それは同情なんかでは決してなかった。［…］いま、痛いあたしが、いま、痛い子供たちを知っ

たのだ。ベトナム戦災孤児はあたし、だった。（一一四頁）

「同じベトナムでありながら、焼かれる村と焼かれない村があり、母を殺された子と、殺されない子があり、片足を失う子と五体満足な子がいる。そこのところがまず心にひっかかる」（一一八頁）と田中は言う。このとき彼女の念頭にあるのは、自分と「ベトナム戦災孤児」との具体的な体験内容の類似性ではもちろんない。田中は家を焼かれたわけでも、母を殺されたわけでも、また片足を失ったわけでもない。彼女が目を向けているのはどこまでも「偶然」である。ある体験がなぜたまたま「私」に落ちてきたのかという問いを、自分だけではなくベトナム戦災孤児たちもまたそれぞれがたった一人で負っているという事実に気づく時、「ベトナム戦災孤児はあたし」になる。「いま痛いあたしが、いま痛い子供たち」と「出会う」のである。

「なんで僕のお母さんだけ死んじゃったの」「どうして私だけ足がないの」っていう子どもたちの嘆き悲しみ。それが私にはすべてだった。だって泣いてるベトナムの子どもって、私自身だったから……。「なんで私の頭にだけ石が落ちてきたのか」という切ない思いは、ベトナムの子どもの悲しみと地続きに思えた。（田中、二〇〇九、二八二頁）

出会いの中でしみじみと胸にあふれて、「あんたもシンドイことだねえ」と、我が身の生き難さとを合せて、絶句する。ヒトはみな、それぞれの生き難さをかかえ、その闇を誰とも共有でき得ずして、ひとり行く。（田中、一九八三、六一―六二頁）

田中が、他人とは決して共有できないその人だけの偶然を永田洋子にもまた見たことは、ここまで来れば明白だろう。連合赤軍事件に接した田中は、同じように病に苦しみ、同じように革命に救いを求めた自分と永田が、その後なぜリブと総括殺人へ分かれていったのかを自問する。田中はその答として、永田のバセドウ病とは異なり、自分の梅毒という病がたまたま否応なく女の性を意識させるものであったことをまず挙げている（田中、一九八三、五七頁）。しかし、ここでもまた田中の視線は二人の病の違いではなく、その病の違いをもたらした「偶然」の方へと向かう。彼女ははっきりと次のように言う。

その別れ道は、偶然がもたらした。つまり、女から女たちへと已れを求めていったあたしと、八ヶ月の身重の女を殺した永田との違いなど、偶然でしかないということだ。（田中、一九八三、五七頁）

自分をリブへ導いたのは、たしかに自分に女を意識させる梅毒という病だった。しかし、その根底には、そのような病が与えられたのがたまたま（永田ではなく）自分の方だったという偶然があると彼女は言っている。「永田洋子はあたしだ」と言う時、田中は、自分自身の現在（リブ）がある視点から見れば完全な偶然の産物であることに気づき、そのことが永田の現在（総括殺人）についてもまったく同じようにあてはまることに震撼している。彼女も永田もたまたま得た病気に影響されながら自分の道を求めようとしたのであり、「そういう意味では永田と私は一緒」なのだ（田中、二〇〇九、三〇二頁）。二人はともに、それぞれのいのちの根源においてそれぞれの偶然に翻弄されながら（＝永田洋子はあたしだ）、しかしその「偶然」によってまったく違う人間となった（＝私はほかでもありえたが、たまたま田中美津である）。このことに気づく時、彼女は永田洋子と「出会う」のである。

この出会いと深く結びついているのが、「とり乱し」という田中独特の表現である。彼女は、他人と出会うためにはまず「自分と出会うこと」が必要だとして、次のように述べる。

> とり乱すとは、存在そのものが語る本音であって、それがその時々の最も確かな本音なのだ。自分と出会うことなくして、他人サマと出会うことなどありえないが、自分と出会うとは、自分のとり乱しと出会っていくことではあるまいか。「己れは己れ」といった場合の、その

己れとは、前者はとり乱しそのものを指し、後者のそれは、その本音を依りどころに社会を知り、人間を知り、己れを知っていくところの、その己れに他ならない。（六五頁）

自分の「現在」がその根幹において偶然の産物であることを知る人、つまり「私はほかでもありえたが、たまたま今こうある」という事実に触れている人だけが、その事実に驚き、とり乱す。田中によれば、その時はじめて人は自分自身に出会うのである。

たとえば、好きな男の気配に胡座を正座に変えたという先ほどの例を再び考えてみよう。このとき、田中はまさにとり乱しているのだが、そこにあるのは「〈女らしさ〉を否定するあたし」と「男は女らしい女が好きなのだ、というその昔叩き込まれた思い込みが消しがたくあるあたし」という、矛盾する二人の私である（六八頁）。毅然として〈女らしさ〉を否定するリブの私だけなら正座にはならなかっただろうし、女に生まれて規範を叩き込まれた私だけなら正座した自分にとり乱しはしなかっただろう。矛盾する二人の私がぶつかり合う時にはじめて、胡座を正座に変え、かつそれにとり乱す自分が、いわば生身の「私」が現れる。二人の私が交差するところに生成するこの「私」、そこで自分が出会うとり乱す生身の「私」を、彼女は「〈ここにいる女〉」（六九頁）と呼ぶ。

だとすれば、〈ここにいる女〉とは、毅然としたリブの女でもありえたし、そのような女でありたかったにもかかわらず、たまたま今ここで女らしさを身体化し、瞬間的に正座になってしまう田中自身の生き難い現在にほかならない。その自分の偶然の「今」に触れる時、田中はとり乱す。つまり、とり乱しとは偶然に翻弄される自分自身のいのちの「今」に触れた驚きであり、それに触れている「証し」なのだ。

> とり乱す、そのみっともないさまこそ、〈ここにいる女〉のまぎれないその生の証《あか》しに他ならない。（六九頁）

では、自分自身の偶然のいのちとの出会いであるこの「とり乱し」は、自他の出会いにどう関わるのだろうか。

当然のことながら、他人もまたその人の固有のとり乱しを通じて、その人だけの偶然を背負っていることを私に示す。しかし、私が他人のとり乱しを見てその事実に気づいても、「私が田中美津である」以上、他人の偶然を肩代わりすることなどできない。私にできるのは、私はあなたの偶然を肩代わりできないという事実に——つまり「私が田中美津である」という偶然にとり乱すことだけである。したがって、田中が言う自他の「出会い」は、他人のとり乱しを通じて他人もまた他人だけの偶然を負っていることに気づき、その「とり乱しに対してとり乱す」（二六四頁）という終わりのない行程を意味している。彼女は、この行程を「祈り」と呼ぶ。

あきらめようとしても、あきらめられるハズのない、出会いへの、その祈りの中にしか［出会いは］ない　（二六四頁）

このように言う時、彼女は、自他の異なるいのちを生みだし、今なお自他の異なる現在を生みだし続けている偶然への「惧《おそ》れ」（二七八頁）を感じとっている。自分が生きる偶然にそれぞれが「一人」でとり乱す瞬間に感じられるこの惧れを、互いに説明することもできぬまま、それでもなおそれぞれで感じとって互いに背きあいたいと願う、その祈るような思いの中に田中の出会いはある。このような出会いが、通常の自他の出会いではないことは明らかだろう。しかし、彼女が離れまいとする自分のいのちの事実――「私という真実」――は、それがこのような偶然への惧れと祈りに浸されていることによって、ほかの女たちへの、ベトナム戦災孤児への、永田洋子への、そして私とはまったく違う他人への通路となりうるのである。

＊

自分のいのちの根源的偶然性に対する自覚は、2でも述べたように、この世の現在の「内」の布置をすぐさま変える物理的力を持たない。このような偶然は、誕生の偶然がまさしくそうであったように、この世の「内」をかたどるものであって、できあがった内にとっていわばつねに「過去」である。「ほかでもありえた」というのはすでに死んだ可能性であり、それを自覚しても「なぜかたまたまこうなってしまっている私の現在」はその瞬間、寸分も動くことはない。それは、あらゆる意味で完全に終わってしまった事実（過去）の確認である。

しかし、この自覚は同時に、私をその内に含むこの世界そのものの根源的な偶然性を私に教えていた。それゆえ、この自覚をつかんだ田中はその後、「変えられるものと変えられないものの」を見わけ、そこから始まった彼女とその後の女たちのリブ運動は現実に世界を変え、女自身の意識を変えていくことになる。

私は自分では背負い切れないようなものを無理やり背負わざるを得なかったときに、生きるってことは不条理なことだ、どこまでいっても、どんな社会になろうとも、「なぜ私の頭に災いが起きたか」という不条理はずっとあるんだということに気づき、それを受け入れたの。[…]/でも、私はクズの女なんだという惨めさの中で私が生きてこなきゃならなかったのは、主要にこの世の中に横行している女に対する誤った価値観のせいです。女は純潔をもって良しとするような。/そういった価値観は私たちの手で変えられる。だから変えていく。そして変えられないものは受け入れる。というのが私の立った場所だったの。/つまり、私の頭に落ちた石を不条理として受け入れる一方で、「なんで私が不幸にならなきゃいけないのよ」、と怒った人間なのね、私は。私のリブは、いわばそこから始まった。

(田中、二〇〇五、二〇―二一頁)[8]

田中にとって、「変えられるもの」とは「この世に横行している女に対する誤った価値観」だった。自分に惨めな罪悪感を与えた価値観、自分自身がほとんど自然なまでに身体化しているその規範を、彼女は偶然を自覚したみずからのとり乱しによって、自分ごと少しずつ揺り動かす。そのような規範の下に生まれ、その規範をなおどこかで生きざるを得ない生身の〈ここにいる女〉である自分を、彼女は自分が属しているこの世界ごと笑い、悲しみ、怒り、時には楽しみさえする。この「とり乱し」こそ彼女のリブだ。この生の果てしない揺れを通じて、彼女は「変えられるもの」を少しずつ変えていく。リブとは、このようなとり乱す女、〈ここにいる女〉の揺れる生の力そのものを指す言葉である。

その一方で、このとり乱しの根底には、田中が決して「変えられない」圧倒的なひとつの事実がある。もし万が一、彼女に罪悪感を与えた規範が完全にその効力を失うようなことがあったとしても、かつて感じたあの痛みが錯覚になるわけではない。その規範の下にたまたま生まれ、そこでたまたま起こった出来事によって翻弄され、人生を方向づけられたという事実は消えない。「過去において悲しかったことはズーッと悲しい。今でも悲しい」のである。私はこの生を生きねばならなかった。「かけがえのない私」がじつは「たまたまの私」でもあるという「私という真実」には、そのような痛切な一面がある。それゆえ、とり乱しとは能動的な生のエネルギーであると同時に、「変えられない」自分の生の事実を知り、それを不条理と知ってなお受け入れようとする、人間のどうすることもできない苦しみを示す言葉でもある。

田中は後に「運動というのは、いつもどうしてこう人びとの生きる巾より狭いんだろうか?」(田中、一九八三、二八一頁)と述べた。だが、彼女のリブ「運動」において「運動の巾」と彼女が「生きる巾」とは見事に重なっている。それは田中のリブが掲げられた遠い理念や理想ではなく、偶然に否応なく翻弄される彼女の「今」のいのちの振幅そのもの、「田中美津」という〈ここにいる女〉のとり乱して揺れる生そのものにほかならないからだ。この二つの巾の見事な重なりこそ、彼女のリブ運動があれほどまでに嘲笑されながらも最終的に女たちを変え、社会を大きく動かした理由ではないだろうか。

田中美津は田中美津の「私という真実」を生きる。その生の揺れは、彼女より二〇年以上遅く生まれた私に、私自身が〈ここにいる〉ことをめぐる底なしの揺れを引き起こす。「だって、幼女って色っぽいでしょう」——壇上で彼女がそう言ったあの瞬間が、私と彼女との最初の「出会い」だったのだと、今にして私は思う。

第二節

生命操作に抗して何が言えるか

サンデルの「生の被贈与性」と障害の問題

マイケル・サンデル（Michael J. Sandel, 1953-）は、その著書 *The Case against Perfection: Ethics in the Age of Genetic Engineering*（2007）（以下、*The Case against Perfection* の意味をとって『反論』と略）において、エンハンスメントなどに顕著に見られる現代の生命操作の問題の本質を、「人間の行為主体性（human agency）」（26）の暴走である「度を超えた行為主体性（hyperagency）」（26）という語でとらえる。(1) 彼によれば、自律や自己決定に基づくリベラルな主体性の倫理の根源には人間の「自然（nature）」に対する根深いコントロール欲求があり、この欲求が高度な科学テクノロジーと結びつく時、現在私たちが直面しているような生命操作の問題が生じる。「遺伝子操作とは、自分は世界を股にかけるような存在であり、自身の自然本性（nature）の支配者であると見なそうとする私たち「人間」の決意の、究極の現れ」（99-100）ではないかと危惧するサンデルは、このような人間の度を超えた行為主体性を批判し、これに対して「生の被贈与性（the giftedness of life）」（27）を「謙虚」（27）に認めるあり方を対置しようとするのである。

本節で最終的にたどり着きたいのは、「自然」vs「人間のコントロール欲求」という対立を批判するサンデルの主張を敷衍した時にはじめて私たちの前に姿を現す「他者」の問題である。以下では、まず先ほどのサンデルの主張を1では「度を超えた行為主体性」の観点から、2では「生の被贈与性」の観点から、それぞれ整理する。さらに3では「生の被贈与性」に含まれる「自然の道徳的地位」（9）を積極的に掘り起こし、そこからサンデルが主張する「謙虚」というあり方をとらえ直す。そのうえで、4では人間の生に関して語られた被贈与性が、この世界自体がもつ根本的・偶然的性質（nature：自然／性質）にまで還元されることを示し、それを具体的に障害、とりわけ聾の問題と重ね合わせて考察する。最後に、5では聾者の聴者に対する異議申し立てから、この申し立てが私たちに垣間見せる「この世界ではない別の世界の可能性」を考察する。そして、この可能性を介して私たちの前にはじめて現れる「他者」について、その問題を考えるための糸口を探してみたい。

1　生命操作と「度を超えた行為主体性」

『反論』において、サンデルは最新の生殖補助医療技術やパフォーマンス向上薬物、能力拡張のための身体改造、さらには生命工学が可能にした遺伝子操作の技術などの衝撃的とも言える具体例を次々と挙げながら、非常に高度な科学テクノロジーが私たちの世界にいま何を引き起こしつつあるかを明らかにしていく。一言で言うならば、それは人間による自由自在な「生命操作」の可能性の幕開けである。この生命操作のひとつの柱が「エンハンスメント（enhancement）」（1）と呼ばれる人体改造である。エンハンスメントとはもともと単なる「強化・増強」といった意味をもつ言葉だが、現在の生命倫理の文脈におけるこの語は「医科学的介入のうち、医療の目的にあまり強く合致しない改善目的の介入」を指して用いられる[2]。すなわち、治療との区別が容易ではないグレーゾーンがあるという本質的問題は残しつつも、少なくとも医療目的とは言いがたい「改善」を目的とした科学テクノロジーの人体への適用が、「エンハンスメント」と呼ばれている。それは究極的には遺伝子操作による人体改造へと収斂していくが、すでに薬物による記憶や筋力の増強、身長のアップ、子どもの性選択といったエンハンスメントは日常的に出現している（10-24）。

こうした生命操作の実態や行く末に対して、私たちの多くが「不安（unease）」（5）を感じてはいるが、その不安の由来を明らかにすることは非常に困難であることを、サンデルは『反論』で繰り返し示唆する。そのうえで、この曖昧模糊とした私たちの不安の正体を突き止めるために、彼はさまざまな問題をふるいにかけるように取り除いていく。まずそれを確認しよう。

エンハンスメントに対する不安の理由として真っ先に持ち出されるのは、その安全性と公平性（平等なアクセス権）である。サンデルは、まずこの二つの不安材料を思考実験によって完全に取り除く。つまり、エンハンスメントが「安全かつ誰にでも利用可能なまでに完成されたと想定」（23）するのである。というのも、もしエンハンスメントがもたらす不安が「安全性の欠如」に由来するのだとすれば、これまでの多くの医療技術（たとえば麻酔）がそうであったように、将来の技術の進歩によってその不安の大部分が解決される可能性を否定できないからである。また、この不安が「公平性の欠如」から来るのだとすると、この不安はエンハンスメントそのものに由来するのではなく、つまるところそれを誰もが自由に利用できないという貧困や格差の問題へと還元されることになるだろう。(3)

それゆえ、サンデルはこれらの不安を思考実験で入念に取り除いたうえで、それでもなお残る不安の正体を探ろうとする。この時はっきりと姿を現すのが、エンハンスメントは人間のもっとも人間らしい部分を、すなわち「自由に、自力で、自分自身の努力によって行為する私たちの能力、そして自分がすることや自分のあり方に責任がある——称賛や非難に値する——のは自分だと考える私たちの能力」(25)を脅かすのではないか、という主張である。というのも、エンハンスメントは、それによって増強された人間の行為をその人自身が成し遂げる業ではなく、エンハンスメント技術者の業にしてしまうからである。エンハンスメントに対する私たちの不安の正体は、エンハンスメントがこのように人間の自律や努力を脅かすこと、すなわち「人間の行為主体性を蝕むことによって私たちの人間性を脅かす」(26)ことなのではないだろうか。

しかし、サンデルはこの一見正鵠を射たエンハンスメント批判を完全に逆転させる。彼によれば、エンハンスメントは人間の行為主体性と相容れないものではない。それどころか、まったく逆に、じつはこの行為主体性こそがエンハンスメントの生みの親にほかならないとサンデルは喝破する。彼はこの逆転をさまざまな事例を挙げながら具体的に論じているが、その考察は最終的には自由主義を基盤とする新しい優生学である「リベラル優生学（liberal eugenics）」（75）との対決へと収斂していく。というのも、もしもエンハンスメントの究極の問題が人間の行為主体性を、つまり自律や自由という人間のあり方を掘り崩してしまうことにあるのだとすれば、そのようなあり方を損なわないエンハンスメントには何の問題もないことになるからである。リベラル優生学が主張しているのはまさにそのようなエンハンスメント、すなわち「子どもの自律を制限することのない非強制的な遺伝子エンハンスメント」（75）なのだ。旧優生学のように国や政府が強制することなく、かつ安全性と公平性が担保されるなら、親が子どもの能力を改良し、子どもの資質を増進するようなエンハンスメントは十分に認められるだろう。そのようなエンハンスメントは子どもの自律を一切制限せず、むしろ生きるうえでの子どもの選択肢を増やすのだから。したがって、リベラル優生学によれば、このようなエンハンスメントは親にとって「容認されるだけではなく義務となる」（78）はずである。[4]

　自由や自律を重視するリベラルな行為主体性の倫理がエンハンスメントを容認する、それどころかむしろ積極的に命じさえするという、リベラル優生学に顕著に見られるこのような状況は、じつは生命操作を促していたのはこの行為主体性だったというカラクリを見事に暴露している。生命操作の問題が現れるずっと以前から自由や自律の倫理に潜在していた「支配への衝動」（27）が、高度な科学テクノロジーをその手段として得る時、生命操作という「度を超えた行為主体性」が生じる。サンデルによれば、私たちが言い表しようのない「不安」を感じているのはこの現状にほかならない。

人間の行為主体性とエンハンスメントは対立するどころか、逆に完全に地続きであるという自分の主張を、サンデルはスポーツや子育てなどのさまざまな事例を伏線に用いて補強している。子育ての事例で言えば、これまでも行われていた英才教育などの熱心な親による子どもへの厳しい管理と、現在可能になりつつある親の子どもに対する遺伝子エンハンスメントとを、サンデルは別物だとはまったく考えていない（52, 61-62）。それどころか両者は精神的に酷似している。しかし、彼によれば、この酷似は後者の新たな形での子どもへの介入を容認する理由にはならない。むしろ逆に、私たちは、よくある前者の子どもに対する関わり方をこそもう一度見直さなければならないのである。「今日ありふれたものになっている親の過干渉教育が示しているのは、贈られたものとしての生の感覚（the sense of life as gift）を失って、不穏なほど過剰になった支配や統御である」（62）と彼は警告する。

こうして、サンデルは生命操作をめぐる私たちの不安の真の所在を明らかにする。彼によれば、私たちの漠然とした不安は、人間の行為主体性にもともと隠されていた「支配への衝動」

が科学テクノロジーと結びついて暴走すること、すなわち度を超えた行為主体性へ向けられている。しかし、このことのそもそも何が問題なのだろうか。たとえば、リベラル優生学の立場を支持する人々はこのような行為主体性を「度を超えた」ものとは見なさず、人間の自由や自律の正当な拡張としてむしろ歓迎するだろう。そして、この拡張を不安視する感覚を単なる古い迷妄として切り捨てるだろう。だとすれば、生命操作の是非をめぐる本来の主戦場は、こうした過度な行為主体性によって失われるもの、すなわち先ほどの引用でサンデルがその喪失を危惧していた「贈られたものとしての生の感覚」にこそあるはずである。2ではその点に光を当て、この感覚の内実を明らかにする。

2　生の被贈与性を承認すること

度を超えた行為主体性の出現によって失われるものとは何か。『反論』において、サンデルはそれを「生の被贈与性を承認すること」(27)、「人間の能力や人間が成し遂げることがもつ被贈与的性格に対する理解」(27)、「贈られたものとしての生の感覚」(62) 等々の言葉で表現し、次のようにそれを説明する。

生の被贈与性を承認するとは、私たちの才能や能力は、それらを伸ばし用いるために私たちがどれほど努力を費やしたとしても、それらのすべてが自分で作り上げたものではなく、また完全に自分自身のものですらないことを認めるということである。また、それは、世界の物事は必ずしもそのすべてが私たちの望みどおり、工夫どおりに使えるよう開かれているわけではないと認めることでもある。生の被贈与性に対するこのような理解はプロメテウス的計画を制限し、ある種の謙虚をもたらす。それは、いくぶん宗教的な感性である。しかし、その共鳴は宗教を越えたところにまで達する。(5)　(27)

このような「生の被贈与性の承認」をめぐるサンデルの主張は、言葉を変えつつ『反論』のさまざまな箇所で展開されているが、それらは概ね次のようにまとめることができるだろう。

- 生は人間が作り出すものではなく、「与えられるもの」である
- そうであるかぎり、生には決して私たちの「思いどおりにならないもの／招かれざるもの」がつねに含まれている
- その思いどおりにならないものに対して「開かれてあること（openness）／謙虚であること（humility）」が大切である(6)　(26-27, 45-46, 81-83)

ここからわかるように、サンデルが言う「生の被贈与性」とは、私たちが決して制御できない生の原初的な「偶然性（contigency）」（82）を意味している。サンデル自身が『反論』の注で示唆しているように、これはジョン・ロールズが「無知のヴェール」の思考実験によって一度棚上げしようとする各人の原初の運、すなわち「自然の運（natural fortune）」にほぼ等しいものだと、さしあたりは考えてよいだろう。(7)

さて、先ほどのまとめのうち第三の点、とりわけ「謙虚」（27）という人間のあり方は、『反論』の第五章で主要なテーマとしてとりあげられている。サンデルは第五章でエンハンスメントに関する問いをあらためて立て直し、私たちはなぜこれほどまでにエンハンスメントを不安に思わねばならないのか、生の被贈与性（偶然性）の感覚が失われることの何が問題なのかを問い直す――「なぜ私たちはエンハンスメントに対する不安をまったくの迷信として斥けてはならないのか。仮に生命工学が私たちの被贈与性の感覚を解消してしまうとして、いったい何が失われてしまうというのか」（85）。この問いに対して、サンデルは、被贈与性の感覚の消失は「謙虚、責任、連帯という私たちの道徳の輪郭をなす三つの主要な特徴を変えてしまう」（86）と述べて、そこからさらに論を進める。しかし、本節では人間の道徳の根本的特徴の変容へは立ち入らず、生の被贈与性（偶然性）が覆蔵する「自然の道徳的地位」という問題の方を考察する。それが、サンデルが言う「謙虚」という人間のあり方を、この自然との関連からとらえ直す端緒となるからである。

3　自然の道徳的地位と「謙虚」

エンハンスメントの倫理に取り組むには、「現代世界ではほとんど見失われてしまった問題に向かい合う必要がある」(9) とサンデルは述べる。その問題とは、彼によれば

・「自然の道徳的地位 (the moral status of nature)」(9)
・「与えられた世界 (the given world) に対して人間が取るべき適切な姿勢」(9)

の二つである。2の初めの引用にもあったように、彼はこれを伝統的に宗教が関わってきた問題として位置づけている。

この二つのうち、まず「自然の道徳的地位」をとりあげよう。この問題は、「自然なものは善であり、不自然は悪である」という私たちのきわめて素朴で自然な (natural)、抜き去りがたい感覚——善悪と言うよりは、おそらくまずは優劣の感覚——となって現れる。(8) 人間の行為を

はじめとするさまざまな現象を「自然」「不自然」と判断し、時にそれを道徳的善悪にまで結びつけるこの感覚は、古代の目的論的世界観やユダヤ・キリスト教信仰（神による世界創造）の残滓として、現代ではもはや差別や偏見を生み出す旧態依然とした社会的構築物でしかないと批判されるものである。(9) こうした波乱含みのセンシティブな議論に入り込むことを避けるためか、『反論』におけるサンデルの「自然の道徳的地位」をめぐる扱いは非常に慎重である。彼はこの「現代ではほとんど見失われてしまった問題」そのものを正面からは論じず、それをこの後すぐ見るように人間の「自然な天賦の才（natural gifts）」(27)、「自然な生まれつきの才能（natural talents）」(29) といった言葉に託して、繰り返し読者に注意を促す仕方で扱っている。しかし、いずれにしても、サンデルがここで「自然」という言葉を、現代では批判されるその道徳的地位の問題をも含めて、いわば「復活」させようとしていることは明らかなように思われる。

重要なのは、ここでサンデルが念頭に置いている「自然」とは、人間とは別の異質な何かではなく、むしろ人間がそこに否応なく根ざす、私たちの逃れがたい基底でもある「人間の自然本性をも含めた、自然（nature, including human nature）」(26) だということである。先ほど「復活」と述べたが、彼によればこのような自然は私たちの基底から決して消えてはいない。だからこそ、たとえば私たちはスポーツ選手が「努力」によって達成した技を賛美するだけではなく、同じ技を何の苦もなく成し遂げる才能に恵まれた選手の〈優れた〉自然な天賦の才を讃えることを決して止めない。(10) たしかに、振り返ってみると、私たちは後者の〈優れた〉自然な生まれつきの才能に対する称賛を、それをまったく持たないという点では〈劣った〉人々を傷つけ、彼らへの偏見や差別を助長するものとして控えることはないのである。

だとすれば、このような道徳的地位をもつ自然が私たちの基底につねにあることが再び意識され、それが復活する時、そこに含まれる根源的で抜きがたい価値の傾き（道徳的地位）と、それを背景として各人にまったくランダムに賦与される「分け前」の違い、さらにはそこから生じる「優－劣」という問題を、私たちは避けて通ることはできないだろう。次の4で見るように、この優－劣は一概に人間が後から作った社会的構築物とは言えず、むしろそれは人間の基底である「自然の中に／本来（in nature）」深く根ざしている。サンデルが「自然な天賦の才」、「自然な生まれつきの才能」といった言葉に託して喚起しようとする問題は、自然のこのような側面に光を当てる。それはもちろんスポーツ選手だけにかぎらない。後に見るように、人間のさまざまな生まれつき（by nature）の性質や能力、姿形をめぐる問題は、そこに伴う価値評価とともに、その多くはこの自然に関わる。生の被贈与性（偶然性）は、このような「自然の道徳的地位」をめぐる深刻な問題をその懐に抱え込んでいるのである。

さて、ここで人間が向き合うべきとサンデルが語った先ほどのもう一つの問題、すなわち

「与えられた世界に対して人間が取るべき適切な姿勢」が問われる。すでに述べたように、彼はここで私たち人間の基底をもなすこのような自然を作り直そうとする「プロメテウス的な野心」(26)に駆られるのではなく、「謙虚」という姿勢を取らねばならないと強く主張する。ここが、サンデルとリベラルな倫理との明確な分岐点である。サンデルによれば、私たちは自分たちの生を残酷に左右する根源的偶然を強いる自然を敵として憎むのではなく、この自然と「粘り強い交渉」(83)を続けながらも、最終的にこれを謙虚に受け入れねばならない。この自然を拒み扉を閉ざすのではなく、あるいはこれを人間にとって都合よく根本的に改変してしまうのではなく、この自然に対して open でなければならない、とサンデルは主張するのである。[11]

さて、このように身も蓋もなくまとめるならば、この主張はあまりにも納得しがたい、すでに十分な分け前を得て特等席に座った哲学者の勝手な言い分であるように思える。しかし、本当にそうだろうか。私はそうは考えない。人間は誰もがこのような価値の傾きをもつ「自然」を基底とし、それゆえ思いどおりにできない「偶然」に曝されているというサンデルの見解は根本的には正しく、それを最終的に受け入れるべきだとする彼の主張は、「絶対に違う」人間同士が共に生きるためのただひとつの出発点を示しているように、私には思える。[12] より具体的に言うならば、この主張に含まれているものによってはじめて、たとえば本節の最後にとりあげる聾者の主張、すなわち「ろう文化」や「デフトピア」が示す、聴者には非常に見えにくい事柄の本質が見えるのではあるまいか。

これを洗い出すための準備作業として、まず4ではサンデルが個人的な分け前の不平等としてとらえている人間の生の被贈与性（偶然性）を、この世界そのものの性質（nature）の偶然的所与性という視点からとらえ直す。ここまで「自然」と訳してきたnatureという言葉は、同時にこの世界の「性質（nature）」でもある。つまり、人間の生の根底をなし、私たちを翻弄する自然（nature）とは、私たちに与えられたこの世界がたまたま持っている性質（nature）でもあるはずだ。4ではこのような世界そのものの性質が、言い換えるならば「この世界が〈このような〉世界だ」ということがこの不平等の土台であり、優‐劣という問題もまたそこで必然的に生じることを、「聾」の問題と重ねて考察する。

4　世界の根源的偶然性——世界が〈このような〉世界であること

私たち人間にとって、「生の被贈与性」は幾重にも異なった現れ方をする。それはまず、各人の性質や能力、姿形といった個人レベルの分け前の違いとなって現れる。サンデルが『反論』でさまざまな具体例を通じて論じるのは、直接にはあくまでもこのような各人の違いとしての生の被贈与性であり、ロールズの「自然の運」が示唆していたのもこの個人レベルでの偶然性だった。

しかしながら、このような各人の性質や能力の偶然性と同時に、そもそも「この世界が〈このような〉世界だ」ということ自体が、人間を含めた生物全体にとってどうすることもできないひとつの大きな偶然的所与だとは言えないだろうか。サンデルが個人的所与のレベルをやや離れながら「与えられた世界」「与えられたもの／所与」、あるいは総じて「自然」という語を用いる時、そこで暗に透かし見られているのは、各人の性質や能力という個人的な分け前に留まらない――というよりはむしろ、そのような分け前の不平等を根底で支えている――この世界全体の、私たちが作ったのではない「与えられたもの」としての偶然性ではないか。このようにとらえるならば、人間にとっての生の被贈与性は各人の性質や能力を超えて、この世界がたまたま〈このような〉世界として、言い換えるならばある一定の根本的な性質（nature）をたまたま備えた世界としてつねにすでに与えられているという偶然の事実へと、最終的に還元されるだろう。

だが、問題は、世界がもつこの偶然的性質が、3で「自然の道徳的地位」を確認した際に見たような価値の傾きをすでに含んでいるということである。各人の分け前の不平等（自然の運）や、そこから生じるであろう私たちの抜き去りがたい優‐劣の感覚の土台となっているのは、じつは価値の傾きを潜在的に含んだ世界そのもののこのような性質にほかならない。このことを明らかにするために、この世界そのものの性質の偶然的所与性について、より具体的に考察してみよう。

「この世界が〈このような〉世界である」とは、たとえば「この世界は〈音というものがある〉世界だ」ということである。〈音というものがある〉というこの世界の根本的な性質を、私たちは決してほしいままに変えることはできない。〈音がある〉ということが、私たちが生きるこの世界のひとつの根本的な、しかしおそらくはまったく偶然的な性質（nature）である。

この世界は〈音というものがある〉世界である。それゆえ、世界のこのような性質に呼応して、この世界には「聴覚」をもった生物が多数存在する。その中には、たまたま人間も含まれている。そうである以上、そこには〈音がある〉というこの世界の性質に沿った聴覚と、沿わない聴覚が必ず生じる。この時、私たちは〈音がある〉というこの世界の性質にぴったりと沿う能力の方を「充溢」としてとらえ、沿わないことをそこからの「逸脱／欠如」としてとらえる。すなわち、この世界の性質に沿うことがまずデフォルト（標準値）としてあり、「沿わないこと」はそこからの引き算としてはじめて生じるのであって、決してその逆ではないのだ。ここには、明らかに「優－劣」が――価値の根源的な傾きが――ある。[13] おそらく、これは私たちがこのような世界の nature の中に（in nature）あることによって、本来（in nature）どうしようも

なく巻き込まれている拭い去れない価値の傾きなのである。(14)

この拭いがたい根源的な価値の傾きは、人間社会において次のような現れ方をする。たとえば、私たちの社会は必ず「聴こえない人の不便を補う」という方向、つまり「引かれたものを足す」という方向で構築される。(15) 私たちはつねに「聴こえない人を聴こえる人に合わせる」のであって、決してその逆ではないと感じてしまう。そんなことは当然だと言われるかもしれない。しかし、コストやリスクの問題を思考実験ですべて取り払ってみた時、なぜ逆、つまり「聴こえる人を聴こえない人に合わせる」のではいけないのだろうか。「聴こえない人に合わせて、聴こえる人の耳を潰す」という選択肢がなぜ考えられないのだろうか。それは、当然だが（naturally）この世界にすでに〈音がある〉から、人間がそれに応じた感覚器官（聴覚）を持った生物として存在してしまっているから、そして、このような世界の性質（nature）に沿う人間の感覚器官の方が――つまり聴こえることの方が――どうあってもデフォルトだからである。

しかし、「聴こえない人を聴こえる人に合わせる」という私たちの社会の「当然」は、「聴こえない人に合わせて、聴こえる人の耳を潰す」と聴者が聞いた時にゾッとする、その戦慄を逆に聾者に（とりわけ中途失聴者ではない、生まれながらの聾者に）味わわせているはずだ。聴こえる者はその残酷に決して気がつかない。私たちの社会が当然のように（naturally）「聴こえない人を聴こえる人に合わせる」のは、根本的には「この世界が〈このような＝音というものがある〉世界だ」からである。この naturally は、〈このような〉世界の nature がはらんでいる根源的な価値の傾きの現れにほかならない。他方、社会の大多数である聴者はこの傾きにいわば無自覚に便乗して、当然のように聾者を聴者に合わせる社会を作り上げる。つまり、聾者の「欠如」（この世界における「不便」）を埋める形で社会を作り上げる。聾者をできるかぎり聴者に近づけ、「できるようにする」という一方的な「同化」の方向をとるのである。[16] その逆、すなわち聴こえないことをデフォルトにして社会が構築されることは、すでに〈音というものがある〉この世界の性質からしてそもそもありえない。

5　この世界ではない別の世界の可能性——「絶対に違う他者」と共に生きる

サンデルの言う人間の生の被贈与性は、この世界そのものがもつある一定の根本的・偶然的性質（nature）にまで還元されるが、この nature にはつねに「道徳的地位」が影従していた。世界がもつ性質は私たちにとってもっとも根源的と言いうる所与だが、そこには人間がほしいままにできない価値の傾きが潜在しているのである。このような nature こそ、個人レベルの「分け前」の不平等（自然の運）が形成される土台であり、私たちの拭いがたい優－劣の感覚の根もまたそこにあった。

このような nature を自身の基底に持つがゆえに、私たちの自律や自由はつねにどこかで根本的に牽制されたものとならざるをえない。サンデルはロック、カント、アーレント、ハーバマスらの思想を援用しつつ、「自由は私たちの支配を超える起源や見地に左右される」（94）と述べて、この牽制を「謙虚」に受け入れようとする（81-83, 94-95）。他方、サンデルが牽制を受け入れようとするこの地点は、逆に「生命操作」への激しい衝動が人間に生じる場所でもある。思いどおりにならないものがかけがえのない自分自身の基底にあることを知る時、「与えられたものを激しく罵ろうとする衝動」（61）が人間に生じる。自分自身の基底をなす制御できない nature を根本的に改変しようという衝動、あるいは改変できないまでもこの nature を利用してその中でより〈優れた〉存在となることを目論む衝動が生命操作の問題の本質であり、現在私たちはそのための力を得つつある。

この分岐点にあってどちらへ進むべきかに結論を出すことは、本節の枠を超える課題である。ここではむしろ、ここまでの考察から見てとれるもうひとつの重要な事柄を示して、サンデルの主張を敷衍したところに現れる「他者」の問題の糸口を探りたい。3の最後で述べたように、彼の主張は「絶対に違う」人間同士が共に生きるための、ただひとつの可能性を示していると考えられるからである。そのためにとりあげたいのは、「ろう文化」や「デフトピア」に見られる聾者の聴者に対する異議申し立てである。まず、その主張を確認しよう。

「ろう文化」とは、聾者を障害者としてとらえるのではなく、文化的視点から言語的マイノリティとしてとらえようとする運動である。この考え方は、日本では一九九五年に「ろう文化宣言」として次のように表明された。

「ろう者とは、日本手話という、日本語とは異なる言語を話す、言語的少数者である」――これが、私たちの「ろう者」の定義である。／これは、「ろう者」＝「耳の聞こえない者」、つまり「障害者」という病理的視点から、「ろう者」＝「日本手話を日常言語として用いる者」、つまり「言語的少数者」という社会的文化的視点への転換である。

（木村・市田、一九九五、三五四頁）

さらに、「デフトピア」とはこの「ろう文化宣言」の流れの中で現れた手話喫茶店の名前である。この店は一九九八―一九九九年にかけて東京都中野区にあり、「デフトピア」という名前は「ろう者の国」「聾国家」のイメージをもとに命名されたという。[17]「デフトピア」は「ろう文化」と同じ視点の転換を図りつつも、そこからさらに発展を遂げる。そこでは、聾者が多数である聾国家において日本手話が母国語となり（聴者は言語的マイノリティ）、それに沿った豊かな文化が積極的に展開されることが想定されている。

こうした聾者の主張は、さしあたり、聾者の用いる日本手話が「〝完全な〟言語」（木村・市田、一九九五、三五四頁）であるということを聴者がまったく認めようとせず、聾者を一括りに「聴覚障害者」と分類することに対する異議申し立てである（木村・市田、一九九五、三六二頁）。生まれながらの聾者にとって音の不在は「欠如」などではなく、それゆえおそらくは「無 - 音」ですらなく、それ自体充溢した欠けるところのない状態である。彼らは何の問題もなく「デフトピア」（ろう者の国）に生きている。

しかし、先ほども見たように〈音というものがある〉現在のこの世界とそこにおける人間の位置づけを考えるならば、「聴こえないこと」はやはり決してデフォルトにはならない。「聴こえないこと」は「聴こえること」に対して、現在のこの世界の根本的な性質に沿わないひとつの「欠如」であり続ける。それゆえ、社会は「聴こえないこと」を補う措置をこれからも止めることはないだろう。しかし、もしそうであるとするならば、音の不在は「欠如」などではないという聾者の主張は、この世界において理不尽な「欠如」を負う立場に置かれた人々の、苦し紛れの無意味な開き直りでしかないのだろうか。

もちろんそうではない。聾者の異議申し立ては、聴者が無自覚に〈このような〉世界の性質（nature）に便乗して行っていることの残酷な意味を告げている。だが、それは単なる道義的告発ではない。彼らの主張は、それが本当に聞かれた時には、〈このような〉世界の性質そのものを根本から相対化する力を持つ。つまり、彼らの異議申し立ては、ひょっとしたら――すでに〈音というものがある〉世界に生きる私たちには想像もできないことだが――〈音〉というnatureのない世界、あるはずの音がない（無-音）のではなく、そもそも「音」というnatureが一切ない世界、その意味でまったく別のnatureをもつ世界、つまり〈この世界ではない別の世界〉がありえたのではないかという深淵を私たちに覗かせるのである。「デフトピア」が指し示しているのはこの深淵にほかならない。その告知がもつ力は、今あるnatureに怒り、このnatureを力ずくで制御しようとする生命操作のような動きではない。そうではなく、むしろ今あるnatureの裏側へ入り込み、別のnatureもありえたことを、それがどのようなものであるかは一切告げることなく、しかし私たちに確実に予感させる動きである。(18)

このような予感がもつ意味は、人間にとってもっとも深い謎のひとつだろう。すでに与えられたこのnatureがあるかぎり、ありえたかもしれない別のnatureは永遠に失われた可能性であって、そのnatureの予感は現在のnatureを土台とするこの世の布置を揺るがす物理的力を一切持たない。つまり、「聴こえないこと」が「聴こえること」より〈優れたこと〉になることはない。しかし、この予感は、私たちがこのnatureの上で無自覚に耽っている「優-劣」のゲームの真の意味を教える。なぜなら、それは、現実には決して揺るがない私たちのゲーム盤そのものがまったく偶然のものであることを、いわば虚空に浮かんだものであることを感知させるからである。その瞬間、私がこの nature に支えられて当然のように今〈優れている／劣っている〉という事実は一切変わらぬまま、この事実がもつ意味だけが脱落して底なしの虚空に消えていくということが起こる。

それと同時に、この瞬間は、同じ盤上に生きる他の誰かが、その人を否応なく覆っていた優‐劣の意味を脱色されて、私の目にはっきりと現れる瞬間ではないだろうか。それは「絶対に違う」他者が、つまり私とはまったく違う「生の被贈与性（偶然性）」に、しかし私と同じように翻弄されるもう一人の生身の人間が私の隣にいることを、私が知る瞬間にほかならない。〈このような〉世界がもたらすどうしようもない不平等と優‐劣の覆いの向こう側に「本当に人がいる」こと――「デフトピア」が示す深淵は、今あるこの世界そのものの根源的偶然性を私に教えると同時に、「絶対に違う」他者がそこに存在していることを私に告げ知らせる。「絶対に違う」他者と、「絶対に違う」ままに、それでもなお真に「共に」生きる可能性があるとすれば、この瞬間を契機にする以外にないと私は考える。

＊

人間の生の被贈与性をめぐるサンデルの主張は、この世界がある一定の根本的・偶然的なnatureをもつことにまで還元されることを見てきた。この世界そのもののnatureには、私たちがほしいままにできない価値の傾きが潜んでいる。この点から振り返るならば、「生命操作」とは、この価値の傾きに沿って人間のnatureをより〈優れた〉ものへ改変することにより、偶然性を排除してこの世界の盤上で可能なかぎり優位にゲームを進めようとする「度を超えた行為主体性」の動きにほかならないだろう。

このような動きに対して、サンデルが主張する「謙虚」は結局何を言おうとしているのだろうか。謙虚とは、たしかにこのようにもっぱら勝ちだけを追い求める過度な行為主体性とはまったく違う姿勢である。だが、それは偶然性を排除しようとする悪あがきを止めて、このnatureとそれに伴う優-劣の位階をひたすら平伏して受け入れよという主張でもない。むしろ、サンデルが言うこの謙虚こそが、先ほど述べたように、今いる世界のnatureを超えてこの世界での優-劣とはまったく別の次元を開き、そこで私とは「絶対に違う」生身の他者を私に垣間見せるのではないか。その人は本当に、私がここにいるのとまったく同じように、最初からそこにいたのだ。この強烈な質感をもった他者の存在の重さを、私たちは「尊厳」と呼ぶのではないだろうか。

このような他者の存在の発見は驚きであり、その驚きは何か根本的な歓びを伴うものであるように私は思う。そして、この驚きこそが、サンデルが言う自然との「粘り強い交渉」に真の実質的な動機を与える。この交渉は、人間が自然に勝つために、あるいは制御できない自然の裏をかいてこの世界の中で人間がより有利に生きるために行われるのではない。それは偶然に放り込まれたこの世界の中で、私が、そこで出会った「絶対に違う」他者と共に生きるために行われる。その気が遠くなるような遠回りの、しかし辛抱強い作業の源は怒りではなく、おそらくは愛である。

生命操作に抗して何が言えるか――それを考えるためには、このような人間の生の偶然性を、その源となっているより深い世界の nature という次元からとらえ直す必要があるだろう。

第三章

ありのままの私を生きる

第一節

意志の破綻と自己肯定

アルコール依存症からの回復を手がかりにして

摂食障害やアルコール依存症など、現代に急増しつつある「依存症」と呼ばれる病は、その症状はさまざまであっても、そこに見られる心の苦しみとそこからの回復の道筋という点で非常に似通ったものを持っている。これらの病からの回復過程において、病を抱えた自分をありのままに受け入れる「自己肯定」という言葉が語られることがしばしばある。しかし、この言葉には曖昧な点も多い。

たとえば、精神科医の香山リカは、ある時期一種のブームにすらなった「本当の自分探し」の中に、時に「病気の私」への愛着が含まれることを指摘していた。香山によれば、このような自分探しの根底にあるのは、「どこかにいる特別な自分」を求める自己愛的な「誇大自己探し」の欲求にほかならない。このような欲求は、最終的には病気の私をみずからのアイデンティティにして喜ぶという奇妙な状況に帰着しかねない危険性をはらんでいると香山は警告する(1)。

私もまたこの考えに同意する。依存症において語られる自己肯定とは、このような自分探しの果てにどこかに隠された特別な素晴らしい自分があったとわかることではないし、ましてや自分が特別であることを病に見て、他人とは一味違う「病気の私」に愛着するということではないだろう。しかし、そうであるとすれば、摂食障害やアルコール依存症からの回復過程で繰り返し語られる自己肯定とはいったい何なのだろうか。「病を抱えた自分を自分としてありのままに受け入れる」ということは、病気の自分への倒錯的な愛着ではないどのような意味をもつのだろうか。

本節の目的は、隠された素晴らしい特別な自分の発見ではなく、ましてや病気の自分への愛着でもない、依存症の回復過程に見られる自己肯定の可能性をわずかなりとも明らかにすることである。私はその可能性を、「こんな病さえなければ。なぜ私がこんな目に遭うのか」という消えることのない苦しみと、「この病なしに今の私はない」という自覚とが一人の人間の中にともに存在する、そのような人間のあり方に見てとりたい。依存症からの回復における自己肯定は、「この病があってこそ今のこの私は存在する」と言いうるような何かをたしかに当事者に与える。しかし、それは「この病さえなければもっと違った人生を生きられたはずだ」という現実の痛みを消すものでは決してない。逆に、この消えない苦しみこそが私の現在、私の現実であって、それを離れてしまう時、自己肯定は病を抱えた自分を倒錯的に愛する耽溺につながるのではないだろうか。

したがって、依存症からの回復の特徴は、二つの矛盾した両極――「なぜ私が」という苦しみと「この病なしに今の私はない」という自覚――が、いずれに解消されることもなく一人の人間の中に保たれるという点にあると私は考えたい。[2]「自己肯定」とは、このような回復の過程で語られる言葉である。それは、「この現実の、苦しい、どうにもならない私が「私」である」という、自分自身の生の事実に対する、困難な、しかしいわば等身大の自己確認にほかならない。

さて、依存症からの回復という問題を具体的に考える際に看過できないのは、一九三五年にアメリカでビルとボブという二人のアルコール依存症者（以下、依存症者と略）が出会ったことから始まったアルコホーリクス・アノニマス（Alcoholics Anonymous, 無名のアルコホーリクたち、以下AAと略）と呼ばれる自助グループである。[3] AAはその名前のとおり「無名性（アノミニティ）」を重視するグループであるため、正確な会員数などの統計はないが、二〇一九年末の調査では全世界で約一八〇ヵ国に広がり、グループ数は約一二万以上、メンバーの数は二〇〇万人を超えている。[4] 絶望的とも言われていたアルコール依存症からの回復にAAが大きな成果をあげているひとつの理由は、このグループが用いる「十二のステップ」と呼ばれる回復の指針にある。十二のステップとはAAの共同創始者である先ほどのビルが示したもので、そこにはアルコール依存症からの回復のプロセスが一二段階に分けて述べられている。現在、この指針はアルコール依存症のみならず、摂食障害、ギャンブル依存、薬物依存などの数々の依存症の自助グループに転用され、「AAの神学」と呼ばれるほどの大きな思想となっている。

生物学・文化人類学の立場から広汎な思想を展開したグレゴリー・ベイトソン（Gregory Bateson, 1904-1980）は、AAに関する優れた分析の中でこの十二のステップに注目し、とりわけ最初の二つのステップの中に「自己の力という神話」(313)が打ち砕かれる「最初の「霊的経験」」(313)を見てとった。(5)以下では、依存症からの回復過程で語られる自己肯定を「自己の力という神話」を破るこの「霊的経験」との関わりから考察し、そこに先ほど触れたような「病を抱えた自分をありのままに受け入れる」自己肯定の意味を確認したい。

まず1および2では、ベイトソンの論述を導きとしながら依存症者が陥っている「自己の力という神話」を明らかにする。この神話が示すのは、依存症者の意志に生じている「私はできる(I can)」という奇妙で頑固な袋小路である。次に3では、このどうにもならない状況から依存症者が抜け出す「霊的経験」へと考察を進め、それを先ほどの十二のステップの最初の二段階として確認する。最後に4では、十二のステップの第三段階に現れている「自分なりに理解した神」(AA 59)という言葉を手がかりにして、依存症からの回復における自己肯定がもつ意味を明らかにしてみたい。

1　自己の力という神話

通常、私たちは、アルコール依存症者が酒を飲むのは彼らの意志が弱いせいだと考えており、依存症者自身もまたそう信じている。依存症者にとって、自分が置かれている状況は「「自己」と「ウイスキー」との戦い」(312)である。彼らの心の中では「酒さえ飲まなければもっと良い仕事ができるのだという思いと、飲んだ状態の感覚的なひらめきのようなものが必要なのだという思いが錯綜」している。[6]普通の人がそうしているように、飲酒を自分の意志でコントロールできさえすれば何の問題もないはずだと依存症者は信じる。それゆえ、彼らは酒に飲まれてしまう異常なコントロール喪失状態を脱して、自分の意志で飲酒をコントロールする「正常」な状態を取り戻そうと必死の努力をする。AAのメンバーが回復のよりどころとして用いる『アルコホーリクス・アノニマス』、通称『ビッグブック』と呼ばれるテキストの中で(先ほどの「十二のステップ」もここに示されている)、その努力は次のように語られている。

私たちがやったことをいくつか書いてみよう。ビールしか飲まない、何杯飲むかを決める、一人では絶対に飲まない、昼間は絶対に飲まない、家でしか飲まない、家に酒を置かない、仕事の時間中は決して飲まない、パーティでしか飲まない、スコッチからブランディに切り替える、ナチュラルワインしか飲まない、仕事中に酒に手を出したらクビになることを承知する、旅行をしてみる、旅行は控える、(宣誓の儀式をするかしないかは別にして)永遠に飲まないと誓う、運動の量を増やす、心に感動を呼ぶような本を読む、健康施設や療養所へ行く、

精神病院へ入ることを受け入れる――などなど、例をあげればきりがない。 (AA 31)

このように、依存症者はなんとか自分の意志で飲酒をコントロールし、普通の人と同じように飲もうとする。あるいは、もう二度と飲むまいと堅く決意する。止めようと本気で決意するなら酒は止められるはずであり、それができないのは自分の意志が弱いからだと彼らは考える。つまり、依存症者は「「自分の魂の司令官」になれる、あるいは少なくともなるべきだと信じている」(312) のだ。彼らは「「誘惑」と戦うために「自己コントロール」を用いる」(312)、言い換えるなら「酒びんに対して意志の力を用いる」(312)。(7) そして周囲の人々もまた、このような依存症者の意志による必死の努力を励ますことによって、彼らの酒との戦いに加勢するのである。

さて、「意志の弱さ」こそアルコール依存症の原因であるとし、それゆえ「強い意志」の力によってこれを克服できるとする以上のような常識的理解に対して、ベイトソンは正反対の立場をとる。彼によれば、本当の問題はむしろ酒を飲んでいない時の依存症者の素面《しらふ》の生にこそある。病的であり誤っているのは、じつは素面の時の依存症者のあり方なのだ。そして、これもまた通常の理解とはまったく逆に、「酩酊はこの誤りに、なんらかの――少なくとも主観的な――訂正を与える」(310) という主張をベイトソンは展開する。

では、「依存症者が飲んでいない時の誤った生き方」とはどのようなものか。ベイトソンは依存症者の素面の生の特徴を、「意識された意志すなわち「自己」」と、それ以外のパーソナリティとの分裂」(313)に見る。この分裂において、依存症者は「意識された意志」つまり自己の力だけで自分に号令をかけ、自分のすべてを完璧に支配しようとする。これがベイトソンの言う「自己の力という神話」である。しかし、依存症者のこの試みは「自分の靴紐を引っ張って自分自身を持ち上げようとする」(313)ようなもので、そもそもうまくいくことなどありえない。

もちろん、依存症者ではない人々にもこのような自己コントロール欲求がないわけではない。しかし、通常多くの人々はこの欲求とどこかで程よく常識的に折り合いをつけ、無意識のうちに「負け」を認める。これに対して、依存症者の「自己の力という神話」はある意味で常軌を逸しており、この後見ていくように彼らは「勝つこと」にすべてを賭ける。彼らの素面の生は、自分の意志の力に対するこうしたありえない盲目的信奉から一方的に成り立っている。言い換えるなら、彼らの生は「プライド」(320)の原理によって余すところなく支配されているのである。それゆえ、これまた通常の理解とはまったく逆に、素面の時の依存症者は意志が弱いどころか、狂気のような「強い意志」で徹底的に自分をコントロールする異常な緊張状態に置かれ続けている。依存症者はこれ以外の生き方を知らない。(8) 2でくわしく考察するように、依存症者は酒と戦うことによってこの緊張状態を極限までエスカレートさせる。酩酊とはこの緊張状態の最終的な破綻（コントロールの喪失、すなわち酒への降伏）にほかならない。

したがって、通常信じられているように、依存症者は飲酒によって「正常」な状態から「異常」な状態へ転落するのではない。事態はまったく逆である。依存症者はアルコールに負けて酩酊することによって、素面の時よりもある意味で正しい精神状態へ至るのだ（309）。このような「素面と酩酊との関係の逆転（*a converse matching* between the sobriety and the intoxication）」（311）が理解されなければ、ただの酒好きとは違い、家族も仕事もすべてを失ってまさに命を賭してまで飲み続ける依存症者の行動を読み解くことは不可能だろう。(9) 依存症者が求めているのは酒ではない。彼らが求めているのは、少なくとも回復の途上につくまでは酒を通してしか得ることができないひとつの「正常」である。しかし、それを得るために、彼らは自分が持っているあらゆるものを費やすことになる。

しかし、そもそも依存症者はなぜ酒への挑戦とその敗北（酩酊）という形でしか、自分の素面の生が陥っている「誤り」を訂正できないのか。それを考えるためには、この誤りの内実をもっとくわしく理解する必要がある。そこで明らかになるのは、依存症者が執拗に繰り返す酒への挑戦と敗北のループが、彼ら自身が直接意識できないもうひとつの大きな矛盾によって包まれているという事実である。「酩酊が素面の生の誤りを訂正する」という逆転が持つ深い意味は、この矛盾から見直される時にその全貌を顕わにする。

2 「私はできる（I can）」が意味するもの

1で見た「自己の力という神話」は、何よりも依存症者自身が信奉しているものである。この誤った神話を支える生の原理である「プライド」は、「私はできる（I can）」（321）の果てしない繰り返しであり、そのプライドは「とりつかれたように挑戦し続けること」（321）によってのみ維持されうる。世界にどこまでも挑戦し、「私はできる」と自己の力を絶えず確認し続けることが、このプライドの本質である。それゆえ、依存症者はあらゆる関係をこのプライドの原理に基づいて展開する。とりわけ酒という疲れ知らずの好敵手を得る時、そのプライドは全面的に発揮される。「ぼくは飲み屋に向かってざまあみろと言った。今度こそ大丈夫だ!」（AA 6）

依存症者の素面の生を特徴づけるこのパワーゲームには終わりがない。彼らは持ち前の「強い意志」を総動員し、次々とハードルを高くして酒に挑み続ける。彼らが自分に課すさまざまな難題を、社会学者の野口裕二は患者から直接に聞いた話として次のように紹介している。

たとえば、「盛り場を歩いてみて飲み屋に入らないこと」、「退院後、真っ先に病院前の酒屋の自動販売機の前に立ってみること」、「アパートの自室で、高級ウイスキーをテーブルの上において飲まずにまたしまうこと」(10)

これを見る限り、「私はできる」を際限なく試そうとする依存症者の素面の生はまさしく狂気であり、必然的に破綻せざるをえない。彼らをどこまでも駆り立てるプライドが、最終的にはプライドが潰れる場所へと彼らを追い込んでいる。プライドという原理がそれ自身の働きによって破綻するという奇妙な構図――この悲鳴のような「私はできる」が意味しているものはいったい何だろうか。

もうひとつの矛盾はここに現れる。ベイトソンによれば、どこまでもエスカレートする強迫的な「私はできる」とその必然的な破綻が言外に表現しているのは、「絶対にうまくいかない(It simply won't work)」(327)という否定命題にほかならない。プライドに徹底的に支配され、「私はできない(I cannot)」(321)という命題を自覚的に表現する生き方をどこまでも阻まれている依存症者は、自分に阻まれているその否定命題を「前言語的レベル」(327)で表現せざるをえない。ベイトソンはそれを次のように説明する。

それ自身の否定を含んだ命題を〔前言語的レベルで〕獲得するには〔…〕否定されている命題からわざと行為してみることによって、矛盾を導くよりほかに方法はない。(327)

ベイトソンはこのような例として、「私はおまえを噛まない」ということを相手に伝える動物の行動を挙げる(327)。このような伝達はある種の戦闘を、すなわち「噛むこと」を試みることによってのみ可能になる。ここに生まれるのが、動物のいわゆる「ごっこ遊び」である。「戦闘ごっこ」をする中で、本物の戦闘ならば本気で噛むはずのところを繰り返し避けることにより、動物は「私はおまえを噛まない」ことを表現する。つまり、前言語的レベルで「私はおまえを噛まない」という否定命題を表現するには、否定したい「噛む」に立脚して実演しつつ、「噛むはずのところでそれが生じない」という矛盾を繰り返し導く以外に方法はないのである。

依存症者においても事情は同じである。彼らは「私はできる」を自覚的に否定できない場所に、つまり「私はできない」と言えない場所にいる。それゆえ、彼らはまず「私はできる」を、つまり自己コントロールを徹底的に試み、その必然的な破綻によって逆に「『自己コントロール』など無駄であり、ばかげているということを証明する」(327)よりほかにない。したがって、必然的に破綻する依存症者の狂気のようなプライドは、「私はできない」「絶対にうまくいかない」という否定命題の、言外での「裏返しの証明」(326)なのだ。依存症者が酒に手を出す時、彼らが行っているのはこの証明の最終章である。自覚的にはたどり着くことができないこの否定命題を、酒との戦いに負け、「一杯やる」ことによって彼らはようやく表現し終える。依存症者のプライド(I can)と挫折の繰り返しは、このような前言語的生の捻じれたダイナミズムから見る時、はじめてその意味が明らかになるのである。

3　酒に対する無力と「自分を超えた大きな力」の顕現

2では、極限までエスカレートしては必然的に破綻する依存症者の「私はできる」が、「私はできない」という否定命題の前言語的表現と見られることを確認した。酒との戦いに負けて酩酊することは、歪んだ仕方ではあれ彼らにひと時の正常を、すなわち「私はできない」を与える。ベイトソンの言葉を借りるなら、「酩酊が素面の生の誤りを訂正する」のである。しかし、それはあくまでも一時的なものに過ぎない。酔いが覚めるとともに彼らは飲んだことを深く後悔し、今度こそ意志を強く持って禁酒しようと努める。「自己の力という神話」が再び彼らに戻ってくる。しかし、そうであるとすれば、依存症者と酒とのこの泥沼試合には「死ぬか永久に気が狂うか」(AA 24)以外の終わりはないのだろうか。依存症者は酒に勝てず、回復の可能性は皆無なのだろうか。

それに対する答えはこれまた逆説的である。彼らが酒に勝つ可能性はまったくない。しかし、逆に「酒に勝つ可能性は皆無だ」と心から知ることが、彼らの唯一の回復の可能性である。AAのメンバーが回復の柱とする「十二のステップ」が示しているのは、「底つき(hit bottom)」(312)の体験が含むこの逆説的な回復の可能性にほかならない。

本節の初めで述べたように、ベイトソンは十二のステップの最初の二つに注目した。ここではその最初の三つのステップまでを引用してみよう。そこには次のように述べられている。

一 私たちはアルコールに対し無力であり、思い通りに生きていけなくなっていたことを認めた。
二 自分を超えた大きな力が、私たちを健康な心に戻してくれると信じるようになった。
三 私たちの意志と生きかたを、自分なりに理解した神(God *as we understood Him*)の配慮にゆだねる決心をした。[11] (AA 59)

第一ステップで告白されているのは、端的な「敗北の経験」(313)である。依存症者はこの敗北の経験によって、もはや酒に勝つ可能性は皆無であり、このままでは死ぬか狂うか以外に道はないと悟る。しかし、この経験が意味するのはそれだけではない。なぜならば、ここで示されている完全な敗北と無力の認識――「この経験こそが変化の第一ステップにほかならない」(313)からだ。「酒びんに負けること、負けたと知ることが最初の「霊的経験」だ」(313)とベイトソンは言う。だが、酒びんに対する完全な敗北の認識が霊的経験であるとは、いったいどういうことだろうか。

2で見たように、酒に対する自覚的な全面降伏はそもそも依存症者が決してなしえないことだった。酒とのパワーゲームを続けている間、依存症者は「私は酒に抵抗できない(I cannot)」という言葉を、その時点でのあらゆる「私はできる」を使い果たすことによって、つまり最終的に「一杯やる」ことによって、言外にしか表現できない。しかし、プライドとその挫折の繰り返しのなかで、彼らの「私はできる」が完全に底をつき、そのことに彼ら自身がふと気づく瞬間がある。酒びんが彼らを圧倒し、周りの人間もみな彼らを見放し、依存症者は命以外のあらゆるものを失う。[12]それが「底つき」である。

その瞬間に訪れる気づきは、「私は依存症者だ(I'm an alcoholic)」(AA 385)という言葉で端的に表現されるような紛れもない敗北の自覚である。それは「自分は(自分だけは)間違っても依存症者などではない」「私は決して負け犬ではない」という彼らのプライドが完全に打ち負かされ、自分の本当の姿を目の当たりにする、まさに奇跡のような瞬間だ。この敗北の自覚こそ、依存症者がそれまで決して持ちえなかったものである。したがって、それはまさに彼らの生の最初の転換となる。しかし、そもそもこの敗北の自覚とは何か。なぜそのような転換の奇跡が起こるのか。この転換の背景にあるものを見る時、彼らに起こったことが「霊的経験」と呼ばれる所以が明らかになる。

「底つき」において依存症者に生じているのは、自分がこれまで経験した全戦全敗の負け戦が要するに何を意味していたのかという、ひとつ上の視点への移動である。彼らはこの時はじめて、自分を突き動かしていた狂気の意味を本当に悟る。自分が求めていたのは酒ではなく、酒という形でしか――酒との戦いにおける必然的敗北を通じてしか――触れることができない「自分を超えた大きな力」だった。この力がこれまで酒びんを通じて現れ、繰り返し自分を説得していたことに依存症者は気づく。「底つき」とは、「アルコールがついに私たちを打ち負かして、正気（reasonableness）の状態へ叩き込んでくれた」（AA 48）、その瞬間を指す言葉である。この時、彼らは「自己の力という神話がより大きな力の顕現によって粉砕されている」（313）ことを自覚し、ついに自分がしていたことの意味を悟る。そして、そこへと導いてくれたのは酒を通じて現れていたこの力そのものであったことを知るのである。

ベイトソンはこれを次のように述べている――「ＡＡの最初の二つの「ステップ」を合わせ

て考えるならば、嗜癖はこの力の顕現と認められる」(333)。「敗北の認識が霊的経験である」とは、第二ステップまで含めて理解するならば、「自分を超えた大きな力」とのこのような接触の自覚と、それによる依存症者自身の視点の劇的な転換を意味している。

アルコール依存症をめぐるこうしたダイナミズムを最初に指摘したのは、心理学者のカール・G・ユング(Carl Gustav Jung, 1875-1961)だった。彼によれば、依存症者が酒に走る時、彼らがもっとも深いところで求めているのは、じつは「全体性(wholeness)」、中世の言葉で表現するならば神との結びつき(union)」(Pass 384)である。このような全体性を求める「私たちの存在の霊的な渇き」が低いレベルで現れたのが、アルコールへの渇望にほかならない。この洞察は、かつて自分の患者であったローランド・Hをめぐり、ユングが後年明らかにしたものだった。

一九三一年、ユングは自分の患者である依存症者ローランドに、医学的治療や精神療法でアルコール依存症が治る見込みは皆無だと直言する。絶望し、ほかに望みはないのかと尋ねるローランドに、ユングは「霊的あるいは宗教的な経験、つまり純粋な回心(genuine conversion)を経験することができれば望みはある」とだけ答えた。この会話は、ローランドからエビィ・Tというもう一人の依存症者へ、さらにはエビィの学生時代の友人であったAAの共同創始者ビルへと伝えられた。そして一九六一年、ビルはユングに感謝の手紙を送り、ローランドとユングの間で交わされた三〇年前の会話がAAの創設に決定的な役割を果たしたと述べることになる。(13)

先述の「全体性」にユングがはじめて言及したのは、そのビルの感謝の手紙に対する返信の中でだった。ユングはそれより三〇年前、患者ローランドに対して、彼の飲酒欲求が暗示しているのは全体性への希求だという自分自身の洞察を直接に伝えることはなかったようだ。ユングの返信を見ると、そこにはさまざまな理由があったことが推測される。しかし何よりも、自己のもっとも深いところに潜むこの希求にじかに触れることができるのは当人だけであり、他人はそれに触れることができない――さらに言えば触れてはならない――という深い直観のようなものがユングにはあったのではないだろうか。

自己の奥底にあるこの希求をめぐる問題は、十二のステップの第三段階にある「自分なりに理解した神」という表現と関わっているように思われる。そこで、最後にこの表現の意味を考察し、依存症からの回復とそこに現れる「自己肯定」に関して、最初の問題に立ち返って考えてみよう。

4　「私」の苦しみと自己肯定

「自分なりに理解した神」という表現は慎重を期した言い方である。アメリカで始まった

ＡＡの活動はキリスト教というバックボーンを持っていたが、「ＡＡは宗教的な組織ではない」（AA xx）ことは明言されている。「アルコールは人を選ばない」（AA xx）のであり、ＡＡのメッセージはキリスト教徒ばかりではなく、他宗教の信者や無神論者にいたるまであらゆる依存症者に伝えられる必要があった。[14] したがって、「自分なりに理解した神」という表現は、ＡＡが特定の宗教の枠組を超えてさまざまな地域のさまざまな依存症者へ伝えられていくために必要であったという、ある意味で戦略的な一面をたしかに持っている。[15]

しかし、私はこの「自分なりに理解した神」という言い方が用いられたことに、より積極的な意味を見出したい。なぜならば、『ビッグブック』にはっきりと述べられているように、第三ステップでこの表現を用いたＡＡの共同創始者ビルが彼自身の「底つき」において直面していたのは、まさしく「信仰（faith）の問題」（AA 53）だったからだ。では、この「信仰の問題」とはいったい何だったのか。今ここで注目したいのは、ビルにとってそれが「ほかの誰かが語った神」を鵜呑みにすることではまったくなかったということだ。その経緯を簡単に追ってみよう。

一九三四年の冬、過度の飲酒癖によって「死ぬか狂うか」という絶望的な宣告を受けたビルは、同じく依存症者である友人、エビィ・Ｔの訪問を受ける[16]（AA 8-12）。先ほど少し触れたように、エビィはユングの患者であったローランドの知人だった。ローランドはユングの直言の後、アメリカへ戻ってついに断酒を果たす。そして、このローランドの影響を受けたエビィもまた、絶望的な飲酒癖に苦しみながらも、オックスフォード・グループというキリスト教系宗教団体の活動に参加して、「信仰をもった」ことによって断酒に成功していた（AACA 58）。友人エビィの訪問を受けたビルは、自分と同じような状態にあったエビィが酒を断っていることに心底驚く。しかし、同時に「彼はエビィの語った神を信じることができなかった」（Pass 120）。ビルは「他人が理解する神（another's conception of God）」（AA 46）によって救われることはどうしてもできなかったのである。断酒に成功した友人エビィへの羨望と、それにもかかわらず「エビィが理解する神」を信じることができない絶望の中でビルは煩悶し、やがて酒に対する自分の完全な敗北と無力を自覚する。そしてエビィの訪問から約一か月後、ビルは今度は自分自身が劇的な回心体験を経て、断酒に成功することになる。

　このように、十二のステップの中にある「自分なりに理解した神」という表現は、ビルがエビィの理解する神ではなく、あくまでも自分自身が理解する神と出会わねばならなかったという事実に明らかに由来している。私が注目したいのは、この神と出会う時の、ビルの頑固で執拗とさえ言えるほどの自分の苦しみに対する誠実な態度である。ビルが命を賭して求めていたのは「ほかの誰かの神」ではなく、自分の苦しみにおいて自分だけに現れる「自分を超えた大きな力」だった。彼はあくまでも自分自身の奥底で、自分だけの苦しみに向き合い、そこに現れる神に出会わねばならなかったのだ。「自分なりに理解した神」という表現の核心にあるのは、自分の苦しみに対するこの誠実にほかならない。再び『ビッグブック』から引用しよう。

何らかのかたちでの神への信仰が［…］自分たちのなかに初めから組み込まれていたことに私たちはとうとう気づいた。恐れずに探し求めなくてはならないこともあったが、神はいつもそこにいたのだ。［…］その「偉大な実在（the Great Reality）」を私たちは自分のいちばん深いところに見つけた。結局のところ、神を見つけられるのはそこだけだ。私たちにとってはそうだった。（AA 55）

依存症からの回復において語られる「自己肯定」とは、自分自身の苦しみに対するこの徹底的に誠実な態度とつねにひとつであるように私には思われる。この苦しみを決して中和することなく、それでもなお持ち堪えて待ち続ける時、苦しむ自分の「いちばん深いところ」に寄り添う自分を超えた大きな力が、すなわち私の神が見出される。苦しみだけがこの神への通路である。この苦しみを抜きにしてこの神に出会うことはなく、自分の本当の姿に出会うこともない。それゆえ、私の真の姿を見せてくれたのはこの苦しみであり、依存症こそが私の生の救い手だったのだ。ここには苦しみを抱えた自己に対する根本的な肯定が生じている。「私は依存症でよかった」のであり、この苦しみなしに今のこの私はありえなかった。

だが、苦しみを抱えた自分に対するこのような肯定は、決して苦しみを抱えた自分に愛着することではない。苦しみを抱えていることを自分が特別な存在であることの証拠と見る時、その人は苦しみを我がものとして、そこからまだ何らかの利益を得ようとしている。すなわち、自分の苦しみを所有し、その苦しみを利用することによって、まだ何かをすることができる（I can）と考えている。この苦しみの経験を用いて、私は他人とは違う特別な「私」になることができる——だが、それは本節で見た「底つき」とは似ても似つかないあり方でしかない。[17]

したがって、「私は依存症でよかった」と言われる時、それが意味しているのはこのような苦しみの私物化ではない。自分の苦しみに対するどこまでも誠実な態度は、苦しみの意味を神が自分だけに特別に与えた試練に見出したり、そのような試練に耐えて「苦しみの答え」に至った自分は他人とはどこか違う特別な存在なのだと感じたりすることを徹底的に阻む。「この病さえなければ」という痛切な思いは、その人の中から決して消えることはないのだ。苦しみはその人にとってどこまでも理由のない異物であり、「なぜ私なのだ」「この病さえなければ」という問いとなってその人に迫り続ける。そこにはもはや自己陶酔のかけらもない。「この病でよかった」という自己肯定とは、一人の人間の中に両立しながらその人だけの生を織りなしている。そこに見出されるのは「このどうにもならない私こそが「私」である」という「この私」の奥底の事実に対するぎりぎりの確認と、それに寄り添う「神」だけである。

依存症からの回復の核にあるのは、このような人々の「自己肯定」である。依存症という病を抱えた私を「これでよい」と肯定する彼らの態度は、「この私」以上でも以下でもないありのままの自分を知るという、もっとも簡単なようでありながらもっとも困難な人間のありようを教えてくれていると私は思う。

第二節

「彼は私の言葉を語った」

セルフヘルプ・グループにおける「共感」の意味

さまざまな問題に苦しむ人々の心の癒しや回復をセルフヘルプ・グループ（自助グループ）の活動の中で図ろうとする運動は、アルコールや薬物、摂食障害などの依存症者、難病を抱えた人々やその家族、犯罪被害者など、現在多くの領域に広がっている。このようなセルフヘルプ・グループの活動の原点は、前節でも見たように、一九三五年にアメリカで起こった二人の依存症者の出会いにある。この出会いを創始とする依存症者のセルフヘルプ・グループは、後にアルコホーリクス・アノニマス（AA）と呼ばれるようになった。AAの主な活動は、ミーティングと呼ばれる各地での小さな集会である。ミーティングでは、「十二のステップ」という一二の段階の回復の指針の下、依存症者が集って互いの体験を語り合う。そこでは何を言っても構わないし、何も言いたくない場合には発言をパスすることができる。だが、議論や説得、誉める／貶すといった他人への評価は禁じられている。AAにおいてこれは「言いっ放し聞きっ放し」と呼ばれ、グループの最初期から受け継がれている原則である[1]。このようなミーティング活動を中心にしつつ、人々は共にアルコール依存症からの回復の道を歩む。

また、グループ名に含まれる「アノニマス（無名の）」という言葉からもわかるように、AAでは無名性・匿名性が徹底的に重視されている。ここに集まる人々は自分の正式な姓名を名乗らず、ニックネームなどを用いて自分を紹介し、お互いを呼び合う。AAには創設当初から会費も月謝もなく、メンバーは完全な平等と無名性という理念を保持している。AAのメンバーになるために必要なのは酒を止めたいという心からの願い、ただそれだけである(AA xiv, 562)。

さて、AA誕生のきっかけはいくつか挙げられるだろうが、そのうちのひとつは、一九三四年末にAAの共同創始者の一人であるビルという人物に起こった回心体験である。この劇的な体験を通じてビルの飲酒は止まった。しかし、AAはこの時に誕生したのではない。AAの出発点は、ビルの断酒から約半年後に起こった「もう一人の依存症者」の断酒にある。このもう一人の依存症者はドクター・ボブという外科医だった。ある出来事をきっかけにしてビルはボブに出会い、ボブに自分のそれまでの体験を語った。この対話によってビルの断酒は安定し、その約一か月後、対話の相手であったボブもまた完全な断酒に至る。後にボブは、このビルとの出会いの核心を簡潔に「彼は私の言葉を語った(*He talked my language*)」(AA 180)と表現した[2]。ビル自身もまたこの時の対話について「完全にお互いのこと」、「お互いのギブ・アンド・テイク」だったと語り、それがAAの原理成立のための「最後の鍵」になったと回顧する(AACA 70)。こうして「もう一人の依存症者」であるボブが最後に酒を飲んだ日である一九三五年六月一〇日を、AAは後にグループ誕生の日として理解するようになったのである(AACA vii)。

本節の目的は、「彼は私の言葉を語った」というボブのこの短い発言に込められた「共感」の意味を探り、ビルとボブの出会いにおいて何が起こったのかを明らかにすることである。この言い方(He talked my language)は、普通は「話が合う」「話がわかる」という意味で使われる表現である。しかし、本節ではこうした慣用化された意味ではなく、4でくわしく見るようなボブの一連の発言の中にこの語を置いて、それが表わしている共感の意味を明らかにしたいのである。「彼は私の言葉を語った」というこの発言は、ビルとボブとの出会いの核心を端的に表しているだけではない。それは、その後のＡＡや、ＡＡの精神を引き継ぐさまざまなセルフヘルプ・グループにおいて人々が互いの体験を語る際に今もなお起こっている事柄の本質を――そこで起こる回復の本質を――正確に言い当てた言葉なのだ。

以下ではＡＡの基本テキストである『ビッグブック』、ビルやボブの評伝、ＡＡが伝える当時の資料などから先ほどのボブの発言が現れるまでの経緯を探り、そこに見られるいくつかの特徴的な出来事を考察することによって、この発言の意味に近づいていく。まず、1ではビルの回心における霊的体験について触れる。さらに、2では、この霊的体験の直後にビルがとった行動の意味を、「力の行使」と「霊性の現れ」という二つの側面から考察する。3では、ビルがボブに会った際に自覚的にとった「利己的」態度が、ビルが回心体験で得た「無力」の自覚の正確で過不足ない表現だったことを明らかにする。以上のことを踏まえて、4では、このようなビルの態度を正面から受け止めたボブがそこから得たものを考察し、「彼は私の言葉を語った」というボブの発言の意味を明らかにしてみよう。

1　ビルの霊的体験

一九三四年一二月、過度の飲酒癖により主治医から「死ぬか狂うか」という絶望的な宣告を受けたビルという男が、劇的な回心体験を経て断酒に成功した。その回心よりも約一か月ほど前に、ビルは同じく依存症者であった友人エビィ・Tの訪問を受けている（AA 8-12）。エビィは当時、「四つの絶対性」（絶対的な正直・無私・潔白・愛）を掲げるキリスト教系宗教団体である「オックスフォード・グループ」（以下、OGと略）に参加して、断酒に成功していた（AACA 58, BOB 54）。ビルは自分よりも重症だと信じていたエビィが「信仰をもった」ことによって酒を断ったのを見て驚くと同時に、そのきっかけが宗教だったことにひどく幻滅する（AACA 58）。エビィの話を聞いたビルは、「共通の苦しみを持つ仲間同士として、一人の依存症者がもう一人の依存症者に話をした」（AACA 59）ことに衝撃を受けながらも、エビィの語る神をどうしても信じることができなかった。ビルは「他人が理解する神」（AA 46）によっては救われなかったのである。

エビィへの羨望にもかかわらず、彼が言う神を信じることができない絶望に苛まれて、「神様、いらっしゃるなら姿をお示しください！　何でもしますから、何でも！」と泣きながら乞うたビルに、やがて劇的な体験が訪れる。ビルはそれを次のように記している。

突然、部屋が言いようのない白い光に燃え上がった。私は言語を絶する恍惚感に襲われた。それは、それまで体験したあらゆる喜びが色あせるほどのものであった。光と恍惚感――しばらくの間、私はほかに何も意識することができなかった。次いで、心の目に山が映った。私は激しい風が吹くその山頂に立っていた。その風は、空気ではなく魂の風だった。大きく清らかな力で、その風は私を吹き抜けていった。そのとき、「おまえは自由だ」という燃え立つような考えが沸き起こった。どのくらいこんな状態でいたのかわからない。やがてようやく光と恍惚感が和らぎ、再び部屋の壁が目に映った。(Pass 121)

この霊的体験を経て、ついにビルは断酒に至る。彼はこの体験において、アルコールに対する自己の完全な無力と自分を超えた大きな力への自己の委ねを知ったのである。彼の体験に内在していたこのダイナミズムは後に、先ほども述べたAAの回復プログラムである「十二のステップ」の中の最初の三つのステップとして次のようにまとめられた。

一　私たちはアルコールに対し無力であり、思い通りに生きていけなくなっていたことを認めた。

二　自分を超えた大きな力が、私たちを健康な心に戻してくれると信じるようになった。

三　私たちの意志と生きかたを、自分なりに理解した神の配慮にゆだねる決心をした。[3]

(AA 59)

さて、しかし本節の最初でも述べたように、ＡＡの誕生はビルのこの劇的体験と断酒ではなく、この後に起きたビルと「もう一人の依存症者」であるボブとの出会いの中にある。ＡＡは稀有な霊的回心を体験したビルを中心とする宗教団体にはならず、その後、むしろメンバーの徹底的な無名性に、そしてメンバー同士の出会いと結びつきにグループの生命をかけることになる（ＡＡの共同創始者であるビルとボブも、もちろんこの無名性の下にある[4]）。

では、彼らの出会いにおいて何が起こったのか。それを考察するためには、先ほどの回心体験をしてからボブと出会うまでの半年間にビルがとった行動をくわしく見る必要がある。

2　「力の行使」と「霊性の現れ」

回心体験の後、ビルは何が自分を酒から救ったのかと考え、当然のことながらその鍵がエビィの訪問にあったことに気づく (Pass 125f.)。同じ絶望的な依存症者でありながら、信仰によって断酒に成功した回復の生き証人が現れたこと――「台所のテーブルをはさんで、奇跡が目の前に座っている」（AA 11）――これが自分の救いのきっかけであったことにビルは気づいていた。医者や家族がいくら手を尽くしても、また本人がどれほど努力しても果たせなかった断酒が、断酒に成功した別の依存症者の訪問をきっかけに成功したことは、彼にとって決定的な発見だった。この発見に高揚したビルは、今度はほかならぬ自分自身が第二のエビィとなって、同じように苦しむ者たちを救おうと奔走し始める。彼はみずからOGの活動に飛び込み、「ジェットエンジンに乗ったような勢いで、酔っ払い探しに取りかかった」（AACA 64）。しかし、その後約半年間、ビルのこうした「援助」はことごとく失敗に終った。ビルに会って彼の体験を聞くことによって、ビル自身のように断酒に成功する依存症者は一人も現れなかったのである。それはなぜだったのだろうか。

力の行使

まず、この時のビルの行動を、それがなぜ「失敗」に終ったのかという方向から考えてみたい。後年、ビルは自分の失敗の理由に触れ、この時期の行動は本質的に「説教（preaching）」だったと振り返っている（AACA 70, Pass 132f.）。だが、説教ではなぜ駄目だったのだろうか。たとえ説教であったとしても、実際の体験者が言うことであれば効き目があると考えるのが普通である。事実、エビィの訪問はビル自身に決定的な変化をもたらした。それなのに、形として同じことをしようとしたビルはなぜ失敗したのか。それを知るためには、ビルの「説教」の内実をもっと掘り下げる必要がある。

この時期、ビルは自分が体験したことをほかの依存症者へ伝え、それによって彼らを救うことが自分に「できる（I can）」と考えていた。[5] ビルによれば、そこには無意識の「もう一つの動機」（Pass 131）が隠れている。それは「ナンバーワンになりたいという昔の願望」（Pass 132, AACA 65）だった。問題はこの願望そのものであるというよりは、むしろこの願望が彼の行動に致命的な矛盾をもたらしたことにある。なぜなら、1で見たように彼の回心体験の核心は、自己の完全な無力の自覚と自分を超えた大きな力への自己の委ねのはずだったからだ。この核心を他人へ懸命に伝えようとしていたにもかかわらず、この時彼が事実していたことは再び他人への「自己の力の行使」でしかなかった。彼が言葉として伝えようとしていたメッセージの核心（無力）と、彼の現実の行動（力の行使）との間には根本的な乖離があったのである。[6] 無力（I cannot）を伝えるために力（I can）を行使する――ビル自身が振り返るように、「このような姿勢ではうまくいくわけがなかった」（AACA 65）。これが、彼の半年の行動が失敗した理由である。

では、この時期のビルの行動は単なる力の行使でしかなかったのか。じつはそうではない。興味深いのはむしろこちらの点である。自分の行動には「ある種の双発型エンジン」があったとビルは振り返る。そのエンジンのひとつは先ほど述べたの力の行使、つまり「ナンバーワンになりたいという昔の願望」だが、残るもうひとつのエンジンは「純粋な霊性（genuine spiriruality）」だったと彼は言う（AACA 65）。つまり、彼は自分の回心体験の核心にあったものが、失敗に終わった説教においてさえなお自分を動かしていたと述べているのである。ビルの偉大さは、自分の失敗の中に働いていたその力を悟り、この後見るように「もう一人の依存症者」であるボブとの出会いにおいて自覚的にそれを生きた点にある。[7] AAというグループは、ビルがとったこの態度をボブが真正面から受け止めた時に誕生した。この点を明らかにするためには、次にビルとボブとの出会いの直前へと時間を進めなければならない。

霊性の現れ

回心体験の半年後、株のブローカーであったビルは、再び仕事をするためにアクロンという町へ向かった。しかし、そこでの仕事は完全な失敗に終わり、仕事仲間は彼をホテルに残して立ち去った。失意の中ただ一人取り残されたビルは、再び激しい飲酒欲求に駆られる。ホテルのバーの懐かしい雰囲気が彼を誘い、「ジンジャーエールを注文し、誰かと話をするだけ」ならいいではないか、という囁きが聞こえた（AACA 65）。この絶体絶命の瞬間、ビルにもうひとつの奇跡が起きる。彼はこの時、たった一人で再び飲酒欲求と向かい合うと同時に、それまで半年にわたって行ってきた自分の説教が――対他的にはことごとく失敗に終わりながらも――自分自身にとってどのような意味を持っていたかを決定的に悟ったからである。これをビルは次のように語っている。

> 私は他人を助けようとしていたとき、自分自身が飲まずにいられたことを思い出した。その時はじめて、私は心底それに気がついた。「おまえには、話をするもう一人の依存症者が必要なんだ。その人がおまえを必要としているように、おまえがその人を必要としているんだ！」
>
> （AACA 65f、傍点による強調は引用者）

ここでビルに起こったのは、誰かを助けるためではなく、自分が助かるために誰かと話をする必要があるという完全な発想の逆転である。この逆転はＡＡ誕生のためのまさにコペルニクス的転回だった。しかし、この時ビルはこの逆転を新たに自分で創出したのではない。先の引用からわかるとおり、彼はこの発想の逆転が自分がそれまで行っていた説教の中にすでに潜在的に織り込まれていたことにあらためて気づいたに過ぎない。それにもかかわらず、この気づきはビルにとって決定的な転換点となった。なぜならば、この瞬間彼が気づいたものは先述のもうひとつのエンジン、つまり彼の回心体験の核心にあった「純粋な霊性」の働きだったからである。説教の背後にはもうひとつの動機が、すなわち純粋な霊性が存在していたのだ。ビルは潜在的に「自分が助かるためにはもう一人の依存症者が必要だ」と知っていたのであり、回心から得られたこの霊的直観が、その後半年にわたり彼を「もう一人の依存症者に話を聞いてもらうこと」へと無意識のうちに突き動かしていた。彼がこの瞬間アクロンで理解したのはまさにそのことだった。

　自分の中にあるこの霊性の働きにはっきりと気づいたビルは、すぐさまそれを自覚的に行動に移す。彼は、今度は紛れもなく自分自身のために「もう一人の依存症者」を捜し始めたのである。そこで彼が出会ったのがドクター・ボブだった。ボブは著名な外科医であったが、やはりすさまじい飲酒によって絶望の淵に立っていた。じつは、ボブもまたすでに二年半もの間OGへ熱心に参加していた。ボブはこのグループで自分のアルコール依存症を告白し、親しい人々に苦しみを打ち明けている。熱心なメンバーがボブのために集まり、ボブの苦しみを分かち合って祈る時間も持たれた（AACA 75, BOB 58f.）。しかし、こうした人々とボブ自身の必死の努力にもかかわらず、彼はなお断酒できなかった。それについて、ボブは次のように述べている――「何が悪いのかわからなかった。あの善き人々が私にしろと言ったことはすべてやった。私はとても忠実に、また真面目にやったと思う。それなのに、私はやはり酒に溺れ続けていた」（LAST）。しかし、このボブは、見も知らぬ男であるビルの突然の訪問を受け、最初は一五分しか話せないと言いながら約五時間にわたって共に話し続けた。その約一か月後である一九三五年六月一〇日、ボブの飲酒はついに止まり、これがAAの「誕生日」となったのである。

3では、「自分が助かるためにもう一人の依存症者が必要である」というビルのある意味で「利己的」とも言える態度について、それが純粋な霊性の現れであるという点に関してさらに考察を進める。

3　無力を生きる――ビルの「利己的」態度

最初に自分が出会った時のビルの態度について、ボブは晩年のスピーチで次のように述べている。

OGの人たちからは一度も聞いたことがなく、あの日曜日、ビルがはじめて私に教えてくれたこと――それは他人を助けようとすることである。（LAST）

この「他人を助けようとすること」は、AAでは「サービス」と呼ばれる。「ビルがサービスという考え方を持っていたのに対して、私にはそれがなかった」(BOB 70) ともボブは後に振り返っている。

だが、このサービスが決して利他的な意味ではないことにここであらためて注意しておこう。2で見たとおり、ビルのボブに対するサービスはあくまでもまずビル自身が助かるために行われていた。「サービス」という語がもつ通常とはちがうこの奇妙な意味は、ビルのサービスを受けて断酒に至ったボブ自身の断酒直後の言葉にもはっきり表れている。ボブはビルに次のように提案する――「ビル、ほかの依存症者に関わっていくことが何よりも大切だと思うんだが。もっと行動的になった方がずっと安全 (much safer) ではないだろうか」(AACA 71)。ここにあるように、ほかの依存症者に関わって彼らを助けるサービスは、何よりもまず自分たちが「ずっと安全」になるために必要だったのである。

こうしたことから明らかなように、ボブがビルから教えられたという「サービス」は、あくまでも「自分が飲まずにいる」ために「もう一人の依存症者」へ「私たち自身の努力と力と時間をささげる」という、自分たちの断酒のための手段である(LAST)。[8] AAが掲げるサービスとは、通常この言葉から連想される利他的行為ではなく、まずはこのような興味深い「利己的」とも言える態度を意味している。[9]

さて、この利己的態度は、先ほど見たようにビルが自分の説教の中に働いていた「純粋な霊性」に気づき、それを自覚的に行動に移した時にはっきりとその姿を現した。それゆえ、利己的態度とは純粋な霊性の、すなわちビルの側からすれば自分自身の完全な無力の自覚の、直接的な現れにほかならない。このことを、彼の回心体験との関連からもう少し考察してみよう。

前節でくわしく見たように、アルコール依存症は「酒に対する無力」の、つまり「できない（I cannot）」の無自覚な表現としての一面をもつ。果てしなく繰り返される飲酒、酩酊、断酒のループは、「私は飲酒をコントロールできない」という命題の前言語的表現にほかならなかった。無力の自覚とはこの事実を正直に認めることであり、ビルの劇的回心もまた「私は飲酒をコントロールできない」という自覚的な無条件降伏である。この時ビルは自分の敗北を正直に認めて、飲酒問題に対する自分のコントロールをすべて手放した。つまり自分の死活に関わる問題を問題のまま自分の力の一切及ばない何かへと――「自分を超えた大きな力」（AA 59）へと――委ね、助かることも助からないこともそこへすっかり任せたのだった。

だが、ビルの問題はここで終わりではなかった。「できない」とは「ただ何もしない」ということではない。[10] 回心体験においてつかまれた「無力」は、これまでの無自覚な飲酒、酩酊、断酒のループとはまったく違う誠実な表現の形を必要とする。この「できない」という無力はつかみ続けられねばならないものであり、新しい自覚的な形で絶えず表現し直されねばならない。それが行われないかぎり、「できない」は古い歪んだループによって再び無自覚に表現され（これがアルコール依存症における「スリップ（再飲酒）」だろう）、真の回復は生じない。

事実、ビルは劇的回心の後、この「新しい表現」という問題に無自覚なまま（すなわち、彼が言うところの「最後の鍵」がまだ突き止められないまま）、ほかの依存症者を助けるために走り回っていたのである。この段階では、ビルの熱心なサービスは主観的にはまったく他人のためだった。彼は、エビィが自分にしてくれたと考えていたことを今度は自分がやろうとしていた。つまり、彼は依存症者の回復には自分と同じような回心体験が必要だと信じており、エビィが自分にそれをもたらしてくれたように、今度は自分がほかの依存症者に同じ援助ができると考えていた（PASS 133）。ボブに出会うまでの半年間のビルは、「自分の問題はもう解決済みで、次は人助けだ」という自信に満ち溢れているようにさえ見える。

しかし、そのビルの自信は、彼が無力の新しい表現という問題にまったく無自覚であったために、手痛いしっぺ返しを食らった。先ほど見た、株式の仕事に失敗したビルを襲った再飲酒の欲求がそれである。一旦はっきりとつかまれはしたものの、その後の自覚的な表現を塞がれた「できない」という無力は、再び古いループの形でこっそりとビルに忍び寄り、彼は「突然の恐怖に襲われた」のだった（AACA 65）。この危機的瞬間にビルに起こったもうひとつの奇跡をここまでの考察に基づいて見直すなら、次のように言えるだろう。この瞬間はじめてビルは、回心体験で得た無力の自覚を新たに表現する必要性に気づき、しかもその新しい表現が探すまでもなくすでに自分に与えられていたことを悟ったのである。もう一度引用しよう。「私は他人を助けようとしていたとき、自分自身が飲まずにいられたことを思い出した。その時はじめて、私は心底それに気がついた」(AACA 65f.)

ここに述べられているとおり、ビルの「無力(できない)」は半年間、他人を助けようとする「サービス」としてすでに(しかしまったく無自覚に)表現されていた。ビルは自分に起こっていたこの変化に気づき、サービスが何よりもまず自分自身を救っていたことを認め、これを自分が飲まないためにもう一人の依存症者を助ける「利己的」態度として――あなたに話を聞いてもらわなければ自滅する無力なただの一人の依存症者である私が、自分自身を救うために今あなたに話しかけているという誠実な態度として――みずから表現した。つまり「もう一人の依存症者」を心底求め、ボブを見つけてこの態度を示したのである。この時ついに、ビルの回心体験の核心にあった無力(I cannot)とそれを表現するビル自身の具体的な行動とがぴったりと一致した。利己的態度が純粋な霊性の現れであるとは、無力とそれを表現する態度とのこの見事な言行一致にほかならない。ビルという人物は、こうして自分がつかんだ無力を新しく自覚的に「生きる」ことを模索した最初の依存症者だった。

では、このビルの言行一致を、「もう一人の依存症者」であるボブはどのように受け止めたのだろうか。

4　ボブの断酒と「私の言葉」の生成

ボブはビルとの出会いについてあまり多くのことを語っていない。だが、数少ない記録の中で、次の引用は彼がビルとの出会いから得たものを簡潔に示している。少し長くなるが、その部分を引用してみよう。

当然、あなた方の心に浮かぶ疑問は、「その男〔ビル〕は他の人と何か違ったことをしたのか、あるいは言ったのか？」ということだろう。私がそれまでアルコール依存症に関するありとあらゆる文献を読み、アルコール依存症に精通している、あるいは精通していると思われるあらゆる人々と話をしてきたことを思い出していただきたい。しかし、この男〔ビル〕は長年にわたってすさまじい飲酒を経験した人であり、たいていの酒飲みが持つ経験はほとんど体験していないながら、ある方法によって回復していたのだった。それはまさしく私が自分もやってみようとしていた方法、すなわち霊的手法だった。彼はアルコール依存症に関する情報を私にくれ、それが役立ったのは疑うべくもない。しかし、はるかに大切だったのは次のことだ。彼は、アルコール依存症に関して自分が話していることを身をもって（*from actual experience*）知っている、私が話した最初の生きた人間だった。つまり、彼は私の言葉を語った（*he talked my lan-*

guage)。彼はすべての答えを知っていたが、それはまぎれもなく本から得た知識ではなかった。（AA 180）

ここからまずわかるのは、ボブがビルから受けた衝撃は、ビルの語ったアルコール依存症に関する知識や、さらにはビルの依存症者としての具体的な体験内容に由来するものではなかったという点である。医師であったボブは、すでにアルコール依存症についてあらゆる知識を持っていた。さらに、二年半のOGへの熱心な参加によって、彼は宗教的知識にも精通していた。宗教への熱心な参与から生じるある種の回心体験が断酒に結びつくことを、ボブは熟知していた。ビルの回心体験は、ボブにとって知識としてはすでに承知済みだった。つまりビルの語った体験や知識という点からすると、ボブがビルから新しく受け取ったものは何もなかったのである。

それゆえ、問題はもう一段掘り下げられねばならない。ボブはビルの何に衝撃を受け、やがて断酒に至ったのか。単に語られた内容ではないのだとすれば、それを語ったのがほかならぬビルであったことが重要なのだろうか。ビルは生死に関わるほどの絶望的な依存症の当事者だった。そのビルの語りの生々しさが、つまり体験の語りに伴うビルの「当事者性」が、同じ問題で苦しむボブに単なる知識を越える何かを感じさせたのだろうか。

もちろん、その体験を誰が語るかというのは大きな問題である。語ったのがビルという当事者であったことは決定的だった。先ほどのボブの発言では、間違いなくそう言われている。だが「当事者である」というだけではまだ足らない。たしかに、ビルは口先だけではなく、アルコール依存症を自分の身体を通して実地に体験し苦しんだ人間だった。しかし、そのような苦しみを経た人間ならば、誰でも「アルコール依存症に関して自分が話していることを身をもって知っている」わけではない。ボブはすでにOGの依存症者に接触し、さまざまな当事者から直接にその生々しい体験を聞いていた(11)。しかし、それらの当事者たちは誰一人としてボブにビルのような衝撃を与えなかった。これに対して、ビルの話には彼らにはない特別なものがあり、それがはじめてボブに「この男はアルコール依存症を身をもって知っている」という衝撃を与えた。この時ビルからボブへと、アルコール依存症に関してそれまでボブが見たことがなかった、少なくともほかの人々からは決して伝わらなかった新しい何かが伝達されたのである。

では、その新しい何かとは結局何だったのか。ほかの人々にはなく、ビルがはじめてボブにもたらしたとボブ自身が述べているもの——ここまでの考察を踏まえるならば、それはただひとつ、サービスというビルの自覚的な考え方、つまり彼のとった利己的態度よりほかにない。こう言ってもよい。自分が助かるためにひたすらもう一人の依存症者を必要とするビルのほとんど確信犯的な態度を目の当たりにして、ボブは「この男はアルコール依存症を身をもって知っている」と感じたのだ。つまり、ボブはビルの利己的態度に直面して、「これがアルコール依存症だ！」とはじめて理解したのである。

もちろん、これは依存症者が利己的で身勝手な人間だという意味などではない。3で見たように、ビルは自分が体験したアルコール依存症について、それが無力（できない）の歪んだ現れであったことを理解し、ボブの前でそれを酒を飲むのではない別の行動として——利己的態度として——自覚的に表現した。つまり、ビルは訳のわからない激しい飲酒欲求に苦しむだけではなく、その欲求が彼にとって持つ「意味」を探り当て、それを自覚的に、何ひとつ損なうことなく正しい形で別の行動へと移しかえた最初の依存症者だったのである。「身をもって知っている」というボブの驚きの震源は、たしかに語り手であるビルが実体験を持つ当事者だった点にある。しかし、その当事者性の真相は、ビルに生じたこのアルコール依存症の意味（無力）の理解と、その意味の自覚的表現（利己的態度）からとらえ直されねばならない。[12]

このことを、ビルの態度を受け止めたボブの側からもう一度見直してみよう。ボブはアルコール依存症に関してこのような自覚の現場にはじめて立ち会い、それによってみずからも断酒を果たした最初の「もう一人の依存症者」である。ボブはその経験を、ここまで何度か触れたように「彼は私の言葉を語った」と述べた。ここまで論じたことからすれば、この発言の意味は単純な自他の体験内容の一致などではない。ボブをとらえて離さなかったのはビルが語った実体験の生々しい内容（what）ではなく、それを語るビルの態度、言い換えるなら「自分が助かるために」ということを自覚したこの瞬間のビルの語り方（how）だったからである。

では、ボブがビルのこの利己的態度に直面して「これがアルコール依存症だ！」と理解した時、ボブの側にはつまるところ何が起こったのだろうか。注意しなければならないのは、この時ボブは「ついに自分と同じ仲間を見つけた」と感動したのではないということだ。ボブは「自分と同じ依存症者がいる」と驚いたのではない。事態はもっと複雑で奥深い。じつは、ボブにはそれまでそのような自己理解——自分自身が依存症者であるという自己理解——などなかったのだ。[13] 逆にボブはこの時はじめて、目の前の見知らぬ男が身をもって示す「無力」こそがアルコール依存症の意味であり、それがまさに自分自身の姿でもあることに気づいた。つまり、自分が何者であるかについての根源的な自覚を得た。要するに、ボブはこの時ようやく「自分は依存症者だ（I'm an alcoholic）」（AA 385）と腹の底からわかったのである。「彼は私の言葉を語った」とは、ボブ自身のこのまったく新しい自覚の吐露にほかならない。

ビルの誠実な言行一致はボブの中に潜在的にあったものへ形を与え、それによって今度はボブの中にはじめて彼自身の自覚が、つまり彼自身の「言葉」が生まれた。ボブはこの時ようやく自分自身をしっかりとつかんだ。「彼は私の言葉を語った」という発言の真の意味は、このような「私の言葉」の生成にある。「私の言葉」は、誠実な「他者の言葉」が私にある仕方で届く時、それに呼応してはじめて誕生する。こうして誕生した「私の言葉」は、自分が本当は何者であるかを私に教え、たとえそれがいかに辛い事実であったとしても、その自覚だけが私の回復の入り口となる。(14) セルフヘルプ・グループの中で人々が癒される可能性があるとすれば、それは慰めや教化によるものではなく、「私の言葉」が生まれるこの奇跡のような瞬間にこそ由来している。

実際には、ボブの最終的な断酒はこの対話からさらに一か月後に生じる。その間のくわしい資料はほとんどないが、おおよそ以下のことがわかっている。ビルはボブとの最初の対話の後、そのままボブの家に約一か月滞在し続け、さらにさまざまな話をした。ボブはその間を飲まずに過ごしたが、その後医学会へ出席するために一人で列車に乗り込むと、すぐにまた手当たり次第に飲み始める。ブラックアウト（酩酊による一定期間の記憶喪失）を経て、自分が担当しなければならない手術の直前に自宅に連れ帰られたボブは、執刀当日の朝ようやく素面に戻った。早朝、ベッドのボブはビルに向かって「ビル、私はやり通すよ」と言った。「やり通すとは手術のことか？」と尋ねたビルに対して、ボブは「いや、私たちがずっと話してきたことだ」と答えたという（AACA 71, BOB 74）。その朝、執刀へ向かう彼の手の震えを止めるためにビルが手渡したビールがボブの最後の酒になった。先ほど引用した「もっと行動的になった方がずっと安全ではないか」というボブの提案が行われたのは、この断酒の直後だった。

＊

AAのメンバーは、「一度アルコール依存症者になったら、一生アルコール依存症者（Once an alcoholic, always an alcoholic）」（AA 33）だが、治らなくとも「解決はある」（AA 25）と繰り返し語る。彼らは自分たちの病的飲酒が「［人間が］神のように振る舞う」という「霊的に病んだ（spiritually sick）」状態から生じていたことを自覚する（AA 62, 64）。「霊的に病んだ」とは無力のことではなく、無力であることを否定しようとする自己の歪んだあり方を指している。自分の力で治ったのだと思ったとたんに、再びその歪みは戻ってくる。それゆえ「私たちのアルコール依存症は治ったのではない。霊的な状態をきちんと維持するという条件で、執行が日々猶予されているだけなのだ」（AA 85）と彼らは言う。アクロンでビルが気づいたのはまさにこのことであり、それは「霊的な生は理論ではない。実際にそれを生きなければならない」（AA 83）という『ビッグブック』の言葉に端的に言い表されている。

他方、ボブには生涯にわたってビルのような劇的回心は一度も起こらなかった。彼は強い宗教的関心を持ってそうした回心体験を求め続けたが、ついにそれを得ることはなかったのである（BOB 308f.）。それにもかかわらず、ボブは初対面のビルの態度が体現していたものを真っ直ぐに受け取って理解することにより、それまで何を試しても成功しなかった断酒に成功し、

ＡＡで言い慣わされている「今日一日」の断酒を一生維持した――つまり「執行が日々猶予された」た――最初の「もう一人の依存症者」だった。

ＡＡは、ビルとボブとの関係の中で生じたボブのこの静かな変化をグループの産声として理解する。ボブの変化は、ビルが得たものがビル一人の中で終わらず、他者へと正確に伝わったことを示している。その伝達は、ビルと同じような劇的回心を、それを望んだボブに引き起こすことはなかった。だが、それはボブ自身の自覚を、つまりボブ自身の「私の言葉」を導き出し、彼の人生を根本から変えた。「彼は私の言葉を語った」とは、この伝達の事実を端的に示す発言にほかならない。

この事実は、今も日々のミーティングの中でそれぞれの依存症者によって引き継がれている。ボブがそうであったように、ＡＡに参加し始めたばかりの新しいメンバーは古いメンバーの態度に触れ、古いメンバーがすでに身につけた「サービス」によって体現されるものを目の当たりにしながら、やがて自分自身もその新しい表現を会得していくのである。「彼は私の言葉を語った」というＡＡ独特の「共感」は、この繰り返される営みの中でそのつど新しく生じる、それぞれの「私の言葉」の誕生という奇跡を示している。

第四章

私はなぜこの私なのか

第一節

神秘の喪失

シモーヌ・ヴェイユの科学論

「有用性」以外に科学技術の価値を測る基準はあるだろうか。あるいはさらに進めて次のように問うてもよいかもしれない。生活の中で科学技術がこれほどまでに大きなウエイトを占める時代に、有用性以外の価値基準を人間は持つことができるだろうか。もちろん、私たちの多くは「役に立つか否か」がすべてではないと感じる。有用性では測れない、そこからこぼれる別の価値があるはずだと思うし、それが失われつつあるのではないかという漠然とした不安を抱いている。しかし、その価値が何であるかをわかりやすい言葉に載せて誰にでも見えるように示せと要求されると、それをすることは非常にむずかしい。失われていくのは有用性では測れない「いのちの尊厳」だと言ってみたところで、ではその尊厳とは何なのかを明瞭な言葉で説明することは困難だ。目に見えるわかりやすい物差しで数値によってすべてを示すことが必要とされる社会、そのことによってある種の公平性を維持していかねばならない現代の社会において、このような困難は致命的である。

この「できない」という感覚は、そのような価値があるということが単なる主観的な思い込みに過ぎなかったのではないかという懸念さえ呼び起こす。「役に立つ」という言葉の含意は広く、一見有用性とは別に見える価値も最終的には有用性に還元されてしまうのではないかという疑念も拭い切れない。さらに、科学技術の有用性がもたらす恩恵を十分に受けて「生命」を守られながら、その一方でそれによって失われる「いのち」の価値があると主張することはどこか矛盾しているようにも思える。「人間の役に立つか否か」という、大雑把ではあるがわかりやすく万人に通じる、それ自体としても非常に有用で使い勝手のよい価値の拡大をある仕方で享受しながら、その一方でそれを批判し、在りかのはっきりしない神秘的な別の価値を語ることは、一部の学者や宗教者の特権のように見えさえするのである。

もちろん、このような価値を言葉ではっきりと示すことは今日突然不可能になったわけではないだろう。おそらくそれはこれまでも「できない」ことだった。では、現代においていったい何が変わったのか。何が変わったために、このように奇妙な焦燥感と閉塞感が（それが主観的な錯覚でないのだとすれば）拡がっているのか。この点をはっきりさせることなく、失われつつあるのかもしれないその神秘的な価値にアンダーラインを引いて強調しても、この価値の喪失とその喪失の意味を正しく理解することは困難であるように思える。

シモーヌ・ヴェイユ（Simone Weil, 1909-1943）は、その短い生涯の中で、ニュートン以来の古典科学から現代科学（量子論）への科学の大変動期を経験した思想家である。[1] 彼女が生まれる九年前、一九〇〇年という一九世紀最後の年にドイツの物理学者マックス・プランク（Max Planck, 1858-1947）がエネルギー量子仮説を発表した。その後、プランクの思想を引き継いだアルベルト・アインシュタイン（Albert Einstein, 1879-1955）は光量子仮説や相対性理論を発表し、一九二一年のノーベル物理学賞を受賞する（プランクもまた一九一八年に同賞を受賞している）。この二人に始まる現代科学理論から生まれた科学技術が、現在の私たちの生活をこれまでにないほど便利にする一方で、同時に先に述べたような奇妙な不安を掻き立てている。科学のこの大変動期と同時代に生きて、ヴェイユの思想は当然それと無縁でいるわけにはいかなかった。高等師範学校卒業論文である「デカルトにおける科学と知覚」（一九三〇年）から晩年の論稿『根をもつこと』（一九四二年）に至るまで、科学に対する彼女の考察は生涯途切れることなく続いている。

本節では、古典科学から現代科学への変化に対するヴェイユの考察を明らかにすることにより、先に述べた「現代においていったい何が変わったのか」という問題に対して何らかの見通しを得ることを目的としたい。ここで主に扱うのは、彼女の晩年の一九四一年から一九四二年までを中心にした「科学とわれわれ」「量子論についての省察」「科学の未来」などの科学をめぐる複数の論稿である。ヴェイユの考察は、プランク、アインシュタイン、ハイゼンベルク（Werner Karl Heisenberg, 1901-1976）、ド・ブロイ（Louis de Brogile, 1892-1987）、ボーア（Niels Bohr, 1885-1962）など数々の現代科学者の専門研究に踏みこんでいる。ヴェイユの彼らに対する評価は全体として否定的で、非常に強い危機意識を含むが、よく見ると揺籃期の現代科学が本来もつはずだった可能性に対する慎重ではあるが積極的な見方も示されている。ヴェイユが残した論稿をそのような現代科学の両義性をも含めて丁寧に追うことによって、科学の変化の中に彼女が見てとった人間のあり方の変質を明らかにすることができるだろう。

なお、彼女の考察は多岐にわたっており、本節ではそのすべてを扱うことはできない。「連続」として見られていた世界に現代科学が「非連続」という性質を非常に誤った仕方で結びつけたという彼女の批判や、古典科学の熱力学の第二法則であるエントロピーに関する重要な考察などは、ここでは問題にすることができなかった。[2] また、近現代科学を批判する際に、もう一方の極として彼女がつねに念頭に置いているのは「感覚可能な現象の中に善のイマージュを観照しようとする切望」(157/146) から生じる古代ギリシャの数学や自然学である。彼女の科学論全体を見通すためには当然これを視野に入れねばならないが、そのためには狭い意味での科学論を超える古代ギリシャ思想や、「善」に関する彼女の思想を詳細に検討することが必要となる。しかし、本節では古典科学から現代科学への移行に焦点を絞り、これらの重要な思想についてはこの移行と関係する範囲内でごく簡単に触れるに止めた。

1　ヴェイユの問題意識

現代科学に対するヴェイユの問題意識がどこにあるのか、その危機感が現代科学の何へ向けられているのかを明らかにすることは、じつはきわめてむずかしい。まず、ヴェイユは現代科学が自然の諸現象に関して古典科学のなし得なかった説明に成功していることや、それが実用に転じられた際の実り豊かさを疑うわけではない。一九一九年の日食の観測が相対性理論の正しさを証明したことは周知の事実である。(3)「半導体は量子論の結晶」と言われるように、コンピュータをはじめとする現代の私たちの生活に必須の数々の機器は量子論なしでは生まれなかった。(4)私たちはいま間違いなくこの現代科学の恩恵を受けて、それなしでは暮らせない日々を生きている。こうしたことはヴェイユの時代にすでに十分明らかになりつつあり、現代科学は有用性という点ではきわめて「豊穣」(OCV-2 323, E 325)であることを彼女はその論稿の随所で認めている。その一方で、たとえば「科学とわれわれ」という論文の中にある次のような叙述で、彼女は何を言おうとしているのだろうか。

［…］現代でさえ、明日の天気を知りたいと思ったら気象台よりも老いた農夫に尋ねた方がよいことがしばしばある。雲、雨、雷、風は今日でもなおその多くの部分が、私たちによって定義された体系を諸事物の代わりにすることがうまくいくような領域［＝科学が通用する領域］の外にある。永久にそうではないと誰が知ろうか。

(176/175)

これは一見余りに素朴な主張に思える。科学がさらに発展すれば、このような予言さえ可能だという考えは当然あるだろう。しかし、ヴェイユの念頭にあるのは古き良き時代への素朴な郷愁のようなものではない。彼女は生涯を通じて熟練工の労働や農作業、漁業に対する強い関心を手放さないが、その背後にあるのは、こうした労働（後で引用するヴェイユの言葉を用いれば「奴隷の労働」（148/134）ではないような労働）の中にこそ人間にとって唯一可能な確実な知恵――有用性という点で確実なのではなく、世界と自分とがしっかりとつながるという意味で確実な知恵――が含まれるという確信である。「明日の天気を知りたいと思ったら気象台よりも老いた農夫に尋ねた方がよい」という言葉は、近現代の科学が人間にもたらす本質的な問題を示唆している。現代人は明日の天気を知りたい時にもう空を見ない。あるいは、空を見ることに慣れている誰かに尋ねることもしない。私たちが見るのは空ではなく、テレビやインターネットの天気予報である。このような私たちの振る舞いにはどこか根本的で致命的な誤りがあるように感じられるのだが、その誤りが何であるかを言い当てるのは、じつはきわめてむずかしい。

ヴェイユは、人間が古典科学から現代科学の中へ引き継いだこの誤りを「思い上がり（orgueil）」（176/175）と呼んでいる。この言葉は、自然や世界のすべてを知り尽くし操作できると想定してしまう近現代の人間の高慢を指して用いられている（176/175）。こうした高慢は、彼女のみならず科学の危機を感じる多くの人々が指摘するところである。だが、ヴェイユの科学論の特徴は、ただ不安に駆られて警告を発するのではなく、人間がどのようにしてそこに至ったのか、その「思い上がり」が古典科学のどこに含まれ、現代科学にどのように引き継がれるのかを、科学の変遷に即してある意味迂遠に感じられるほど綿密に、まさに「科学論」として明らかにしようとする点にある。しかもこの解明は、現代科学が人間にとってきわめて実り豊かであるという先ほども述べた否定しがたい事実——現代科学理論の「正しさ」は実践レベルではすでに十分すぎるほど確認されていること——と決して矛盾しない。

では、古典科学から現代科学への移行において変化し、危うくなっているものとは何なのか。この後で論じるべき問題を正しく位置づけるために、彼女の問題意識をはっきりと示している部分を「量子論についての省察」論文から挙げてみよう。

この危機において、科学そのものより測り知れないほど貴重な何ものかが危うくなっている。それは一八世紀、とりわ一九世紀がきわめてしっかりと科学に結びつけた真理の観念である。両者を結びつけるのは誤りだったのだが、私たちはこの慣わしを維持してきた。科学的真理が消滅することは、真理そのものと科学的真理とを取り違えることに慣れた私たちの眼には真理そのものの消滅と映った。真理が姿を消すや否や、有用性がすぐさまそれに取って代わる。というのは、人間はいつでも自分の努力を何らかの善いものへ向けるからである。

これによれば、古典科学から現代科学への移行において危うくなっているのは「真理の観念」である。古典科学の時代、人々は「真理の観念」を「科学」と固く結びつけ「科学的真理」を生み出したが、ヴェイユによればこの結びつきはそもそも誤りだった。ところが、この誤った結びつきだけが真理として広く認定され、真理と言えば「科学的真理」以外のものは指さなくなった。それゆえ、やがて現代科学に至ってこの科学的真理が消え去ったことは、人間にとって「真理そのものの消滅と映った」と彼女は指摘するのである。ここには人間が「真理」というものを考えることができなくなっていくプロセス、真理が有用性に取って代わられていくプロセス――これは本節の冒頭で述べた問題意識にもつながる――が、科学の「発展」と深く関わる事態として述べられている。(209/207)

次の2以降ではこのプロセスを追っていくのだが、その最初の段階として、まずは彼女が古典科学をどのようにとらえていたのかを明らかにしてみよう。

2　単純労働をモデルとする古典科学

「科学とわれわれ」において、ヴェイユは古典科学について次のように述べている。

［古典科学の］学者たちはただ実験を積み重ねるためだけに努力したのではなかった。彼らにはひとつの目的があった。彼らは宇宙を表象（une représentation de l'univers）しようとしていた。この表象のモデルとなったのは労働（travail）、より正確に言えば初歩的で原始的な労働である。それは慣れや技量、手先の器用さ、勘が入っていない労働、単純作業、［具体的に言えば］運搬の作業である。（142/124f.）

この直後に挙げられている例は、本を床からテーブルへ持ち上げるというごく単純な作業である。古典科学は人間のもっとも単純な身体労働——ある重さを持つ物体をある距離だけ移動させる作業——をモデルとし、「自然現象と労働との間に類比を確立する」（143/126）ことによって、さまざまな自然現象をこのモデルに還元して表象しようとする。ここで彼女が述べているのは、物理学の初歩で習う「仕事（work/travail）」の概念、すなわちある物体に加えた力とその物体が動いた距離の積によって示される物理量であることは明らかである。

さて、古典科学はこのように非常に単純な人間の労働をモデルにし、それによって「宇宙を表象する」という明確な目的をもつ。ところが、興味深いことに、ヴェイユはその古典科学の試みには「見通すことのできない暗さ（une obscurité impénétrable）」（143/126, 168/164, cf. 205/201）が含まれていると繰り返し主張する。それは科学の側の不徹底や未熟が原因で生じるのではない。むしろ逆に、科学が含むこの暗さは「還元不可能な神秘」（170/166）であり、人間が世界（自然）を表象しようとする時に必ず生じる「人間の制約という矛盾（les contradictions de la condition humaine）」（170/167）だと彼女は言う。ここには、科学に対するヴェイユの根本的な見解が現れている。

そこで、まずはこの暗さとは何であるかを明らかにしよう。ヴェイユはたとえばその一例として次のようなものを挙げる。

「仕事＝力×距離」であったとおり、単純労働をモデルとする古典科学では「距離」が必須の概念となる。この距離の概念の原型は、先ほどの「本を持ち上げる」という基本モデルに戻るならば、人間が本を移動させる「距離」である。したがって、距離とは、元々人間の「任意の欲求（désir）とその欲求の充足との間」（142/125）に生じている隔たりにほかならない。つまり、距離という概念の出自はじつは表象される自然の側にはない。この概念は人間の欲求――「どこかにいたい、何かや誰かをつかまえたり叩いたりしたい」（151/139）という欲求――を生みの親とするのである。こうした人間の欲求の満たされなさ（充足との間にある隔たり）が、「距離」という概念を、みずからの欲求の制約としてはじめて生み出す。

したがって、人間が世界を表象するために用いている「距離」という概念は、人間がこの世界にこっそり持ち込んだ、表象されるべき世界とは本来別の源をもつ要素である。単純労働をモデルとして「力×距離」という物理量で世界を数学的に表象しようとする科学の試みの根底には、つねにこのような事態がある。ところが、描き出そうとしている世界とはまったく無関係の源をもつこの「距離」という概念を用いるにもかかわらず、古典科学による世界表象はそれにもかかわらずなぜか成功する。この成功は、人間にとって「見通すことのできない神秘」（169/165）だとヴェイユは言う。先ほどの「見通すことのできない暗さ」とはこの神秘であり、自然科学とは本来ある種の謎めいた「恩寵」の帰結にほかならない（cf. 175/173f.）。後に4で再びくわしくとりあげるが、古典科学の成功、すなわち単純労働をモデルにした数学的な世界表象の成功は、ヴェイユにとってこのような「神秘」を意味している。

しかしながら、科学にとってこの神秘は、モデルとなる単純労働の側には必ず含まれる「人間の欲求」に対応するものを、そのモデルを適用する世界の側には見出すことができないという耐え難い矛盾となる。それゆえ、世界を整合的に説明したい科学にとって、この神秘は是非とも取り除きたい非合理な障害物以外の何ものでもない。

古典科学は、人間の任意の作用（action）と、その作用に諸制約を課すことによって作用の障害となる諸々の必然性との間の関係のモデル［単純労働というモデル］に基づいて宇宙を考えた。もちろん、自然現象の背後に意志［欲求］が働いていると想定するなどということは論外である。なぜなら、もしそのような意志があるとすれば、それは人間の意志には似ていない意志、つまり身体に結びつけられてはいないような意志、超自然的な意志、すなわち労働の条件を免除された意志だろうから。したがって、自然現象と労働との間に類比を確立するためには、労働から、労働を定義し、それなしでは労働を理解することができないような二つの項［人間の欲求と、その制約として現れる時間・空間という必然性］のうちのひとつ［欲求の方］をどうしても取り除かなければならない。（142f./125f.）

こうして古典科学は、自分のモデルの源であり、モデルに不可欠な要素であったはずの「意志」や「欲求」に目を瞑り、モデルからこれをすべて削除せざるをえない。だが、その試みは決して成功しない。古典科学が「時間に従う存在者のあらゆる欲求の中に必ず含まれる制約である距離」（151/139）に基づくかぎり、それはやはりどこまでも欲求を前提としているからだ。したがって、古典科学の体系の中には必ずある種の「暗さ」が残る。古典科学は、先ほど述べた「どこかにいたい、何かや誰かをつかまえたり叩いたりしたいと欲求するあらゆる人間の考え」(151/139)に基づくという自分の出自を拭い去ることができないのである。
このような暗さ(神秘)を無理に削除することから生じる科学の「思い上がり」の問題は次の3で考察するとして、ここでは古典科学の行き着く先をヴェイユとともに最後まで追ってみよう。古典科学は、先述の労働モデルから直接に導かれる「エネルギー」の概念へと、他のあらゆる変化を還元していく。少し長いが、「量子論についての省察」からそのプロセスを抜き出してみよう。

力学的現象に関する最初の研究を行った時すでに、人はそこに力と距離の積〔仕事〕によって決まるひとつの不変量があることを見出した。[…]人々はこの同一の積を、運動エネルギー[…]の名のもとに、あらゆる動力学的現象の鍵として使用した。[…]一九世紀の偉大な思想は、位置の変化以外のさまざまな変化を、数的等価性の助けを借りて労働〔仕事〕と同一視したことにあった。[…]一九世紀の科学者たちはあらゆる現象において力学的エネルギーに等しいエネルギーの増減があると想定し、この原理は化学的・電気的諸現象の研究に次々と適用されて成功したのだった。一九世紀科学の根本的な原理は、あらゆる現象について、その現象の生成をある重量体の位置の変化によって示したり、あるいは逆にある重量体の位置の変化をその現象によって示したりすることが、少なくとも理論的にはできるはずだとすることにある。［…］だからこそどんな種類のエネルギー［光・電気・熱・位置・運動・化学など］も、ある重量体の持ち上げによって定義される単位エルグで測定されるのだ。

（197ff./189ff.）

古典科学はこうして人間の労働をモデルにすることによって、万象をエネルギーに還元することにほぼ成功し、「エネルギー保存則」を見出した。これにエネルギーに関するもうひとつの法則、すなわち時間の不可逆性（あらゆる変化は無差別ではなく、時間が経つにつれて「秩序ある状態から無秩序の状態へ」不可逆的に移行するという方向を持つこと）を示すエントロピーの法則が加わることによって、古典科学はエネルギーを鍵にあらゆる現象を読み解きうると確信するその頂点に達したのである（cf. 145f./130f.）。

3　古典科学に対する両面的評価

1でヴェイユが「古典科学は真理と誤った仕方で結びつく」と考えていたことを見たが、彼女はいま概観した古典科学の姿に非常に複雑でアンビバレントな評価を下している。その評価の複雑さは、古典科学というよりはむしろヴェイユ自身の思想の複雑さに由来しており、容易に解きほぐすことができないものであるように思われる。ここでは、その評価を肯定的な側面と否定的な側面の二つに分けて明らかにしてみよう。

まず、2の冒頭の引用にあったとおり、ヴェイユは古典科学には少なくとも世界を描き出すという「目的」があったこと、人間に把握できる何ものかをモデルとして、それとの類比によって世界を表象するという「目的」が明確にあったことを重視している。エネルギーを鍵概念として世界の姿を描き出そうとすることは、万象を距離と時間の変化からとらえることであり、いかに洗練されようとも古典科学はその根底に労働モデルを残している。それは生身の人間の営みに基づいて世界をとらえようとする「目的」をもった科学である。そのうえで、ヴェイユは「四世紀にわたる古典科学のこうした企てのすばらしさを否定することはできない」(146/130) と明言する。なぜならば「古典科学はそれが善用されるならばひとつの浄化作用である」(146/131) からだ。これはどういう意味だろうか。

古典科学は人間の欲求を出発点としてその体系を構築するにもかかわらず、2で見たように、当の欲求自体を自分の体系内に反映させることはできない。[5]「恩寵」の神秘によって成功する古典科学が行き着く先は、むしろ人間に対する世界の徹底的な「無関心 (indifférence)」(146/130) である。古典科学は「日食で太陽が消えるのは人が外套で目を覆って太陽が消えるのと類比の現象である」(146/131) と教えるが、このような類比を通じて構築された世界は、その構築の出発点にあったはずの人間の欲求を省みることは一切ない。

古典科学は、あらゆる現象を通じてこの容赦ない必然性を読み取ろうとする。それはこの世界を私たちが無に等しいような世界にする必然性、この世界を私たちが労働する世界にし、欲求や切望や善に無関心な (indifférent) 世界にする必然性である。古典科学が研究する太陽は、悪人にも善人にも区別なく (indifféremment) 降り注ぐ。[…] この世界を構成する物質は、私たちの欲求にまったく無関心な盲目的必然性の網の目である。それは精神の切望にも善にもまったく無関心だ [...]。(146ff./131ff.)

一言で言えば、古典科学のモデルは「奴隷の労働」(148/134) である。[6] そこには人間の欲求や切望、善が入り込む余地は一切ない。この世界がそのようなものであることは、ヴェイユにとって明らかにひとつの「真理」である。したがって、古典科学は「真理」と結びついている。いわゆる「ラプラスのデーモン」[7] のような古典科学の冷たい機械論的世界観は、それにじかに触れた人間にとってはこのような「真理」を教える浄化の働きをするのである。

しかし、これがひとつの真理であればあるほど、古典科学が描き出す世界像が正しければ正しいほど、その像がこの世界に関するあくまでも一面の真理、部分的説明でしかないこともまた明らかになるとヴェイユは考えている。たとえ宇宙全体を労働モデルで説明し尽くしたとしても、「それでもやはり古典科学は宇宙を部分的にしか説明しないだろう」（147/133）とヴェイユは言う。これが古典科学に対する彼女のもうひとつの理解——否定的評価——である。「古典科学は真理と誤った仕方で結びつく」という時の「誤り」は、科学的真理のこの一面性にある。古典科学が示す「盲目的必然性の網の目」としての世界が人間のさまざまな欲求や善の切望にまったく無関心であることを「正しい」と認めたうえで、彼女は次のように言う。

しかし、またある意味でそれは正しくない。なぜなら、もしかつて世界の中に、たとえただ一人にただ一日だけでも真の聖性が存在したとすれば、聖性はある意味物質に可能なものになるからだ。物質しか、そして物質に刻み込まれたものしか、現実に存在しない以上は。人間の身体は、とりわけいま問題なのは聖人の身体なのだが、それは物質にほかならない。それは世界の一片、機械的必然性の網の目であるあの同じ世界の一片である。私たちはある二重の法則（une double loi）に統べられている。この法則は、一方で明らかな無関心だが、他方では善に関わる世界を構成する物質の神秘的な共犯（une mystérieuse complicité）である。美しい光景を目にして私たちの心が打たれるのは、この二重の法則が呼び覚まされるからにほかな

らない。（148/133）

ここには科学論の枠を超えるヴェイユの思想全体の核心が述べられている。重要なのは、この世界に二つの異なる法則があるのではなく、ひとつの法則が「二重」の意味を持つという点だろう。盲目的必然性に従い、善にまったく無関心な物質、価値に一切関わるはずのない物質が、そのまま同時に善の神秘的共犯者となり、善に関わる世界を構成する。この世界とは別のものが善として与えられるのではない。そうだとすれば法則は二つあることになるだろう。この世界がこの世界のままで、重ねてもうひとつの意味を――しかもその完全な否定として世界が成立していたはずの性質を――持ちうる。二重とはそういう意味である。この矛盾の極みは、ヴェイユにとって人間の身体を通じて起こる奇跡である。これをくわしく論じることは本節の範囲を超えるが、ひとつだけその手がかりとなるだろう「例」を挙げよう。

彼女はしばしばイエスと古代ギリシャのストア派の哲学者であったエピクテトスを並べて語るが、その際の「主人から玩具のように扱われたエピクテトス」（OCII-2 330）とは、オリゲネスが伝えた次のような逸話を指しているらしい。それによると、奴隷だったエピクテトスは残虐な主人が彼の足を拷問した時に笑いながら「折れますよ」と言い、足が折られると「ほら折れたでしょう」と言ったという（cf. OCVI-2 557）。この不気味でさえある逸話は、エピクテトスが痛みを感じなかったという意味ではあるまい。主人が奴隷を拷問して足を折るというすさまじい痛みを伴う残虐な世界は、そのままそこにある。そういう残酷な主人は事実存在し、力を加えれば足は折れ、折れれば激痛がある。それが現実の世界である。エピクテトスの言葉は、彼がそのような世界に何かを付け加えることもまた差し引くこともなく、あるがまま善きものとして〈受け入れた〉ことを物語っている。ヴェイユはこのような〈受け入れ〉が我慢でも諦めでもなく人間に起こりうる例として、エピクテトスの言葉を見ている。「ほら折れたでしょう」という彼の言葉は世界の機序を微塵も崩すことなく、その機序とぴったり重なりながら、しかしそれを超える奥行きを示している。

「ギリシャ人にとって盲目的必然性は愛すべきものだった」(156/146) というヴェイユの言葉は、彼らにとってはこのように世界が「二重」であったこと――世界は盲目的必然性の冷酷な網の目であると同時に、それを寸毫も変えないまま愛すべき受け入れるべき世界でもあったこと――を示している。そして、これを可能にしていたのは古代ギリシャの人々の「感覚可能な現象の中に善のイマージュを観照しようとする切望」(157/146) だった。

ところが、古典科学は世界を徹底的に一重にしかとらえない。「もっとも初歩的な労働、奴隷の労働を世界を再構築するための原理ととらえる古典科学ほど、善に無縁なものはない。古典科学では、善は対立項として対比して想起されることさえない」(148/134)。そこには古代ギリシャにあったような善のイマージュはまったく存在しない。古典科学は世界表象のためのモデルを「奴隷の労働」にすると同時に、そこに現れる正しいが平板な世界像にすっかり腰を落ち着けてしまうのである。ヴェイユが指摘する科学の「思い上がり」はここに生じる。「量子論についての省察」で、彼女は次のように古典科学を批判する。

古典科学はその頂点に達し、例外なく万物を説明しうると主張して、知的な窒息状態に陥った。［…］［古典科学の基本概念は暗い（obscure）ものであり、その体系には数々の神秘的矛盾が含まれるが］さらに深刻なのは、古典科学がそれらの矛盾を解決すると主張したこと、より正確に言うならば対立するものの相関（les corrélations de contraires）を解決すると主張したことである。それらは人間の制約（la condition humaine）の一部であって、人間がそこから解放されることはありえないのに。（205f./201f.）

古典科学が削除しようとする矛盾、2で触れた「神秘」であるようなこの世界の暗さを、ヴェイユはここで「対立するものの相関」という言葉でとらえ直している。世界はこのような相関に満ち溢れ、この相関から成り立つ。そのような世界を対立項の一方を消し去ること――たとえば人間の欲求とその制約（時空）という二つの項目のうち前者を完全に削除すること

――によって説明するのはむしろ理性に反しており、彼女はそうした古典科学の試みを「馬鹿げている」(206/203)と一蹴する。人間は与えられるさまざまな概念をどれひとつ勝手に消し去ることはできず、「できるのはただそれらをしかるべきところに置くことだけである」(206/203)。さらに、矛盾を支えきれない古典科学のこうした試みは理性に反しているだけではなく「不敬虔」(206/203)でさえある。その理由を彼女は次のように述べる。

この地上の人間はこうした矛盾から自分を解放することはできず、許されているのはただそれらを善用することだけだからだ。プラトンも知っていたとおり、人間の知性が表象できるものはすべて諸々の矛盾を含んでおり、それらの矛盾は人間の知性がその生来の領域を超えてみずからを高めていくための梃子である。(206f./203)

要するに、ヴェイユは古典科学のある種の性急さを批判している。古典科学は世界を完全な必然性の網の目として明瞭に描き出すだけではなく、その世界表象の源にある「見通すことのできない暗さ」を排除せずに、ともに持ち堪えるべきだった。古典科学にとって重要なのは、「自身が行う世界表象に人間の欲求を反映させることが決してできない」という状況と、「しかし自分の出自は反映させることができないこの欲求にこそある」という状況とのいずれをも消し去ることなく、この両者を「対立するものの相関」として維持することである。だが、そのためには古典科学がまったく含んでいない先ほどの「善のイマージュ」が必要だった。すなわち、それがあってはじめて「真理」が部分的ではなく完全な全体となるような何かが、「奴隷の労働」をモデルとする古典科学には致命的に欠けていたのである。(8) そのため古典科学はこの相関を維持できず、みずからの出自の方を無理やり削除する。それによって自身の「暗さ」(神秘)に目を瞑り、自分の成功が「恩寵」による神秘であったことを忘れる。

こうしてヴェイユは、ある仕方で真理に結びつきながらもそれを「浄化」のために善用することができず、その結びつきを「思い上がり」へと変形してしまう古典科学を批判する。古典科学が自分の中にある消せない暗さ(神秘)を消したと強弁するかぎり、古典科学がその頂点において解決できない問題に再びぶつかるのはヴェイユにとって驚きであるどころかむしろ完全な必然だった。「科学とわれわれ」でも繰り返し示唆されているように、古典科学の破れ目から別の科学が生じること自体は「まったく自然」(141/124)だったのである。

しかし、そうであるとすれば一九〇〇年以降の現代科学は、古典科学が陥った思い上がりを暴き、そこから科学を解き放つアイデアを、まったく使うことなく閉じてしまったとはいえ、やはり何らかの形で含んでいたはずである。次の4ではその問題をとりあげるが、それが古典科学の思い上がりを暴くものである以上、そこではまた同時に、古典科学の成立がひとつの

「神秘」であったことがよりはっきりと示されることになる。

4　科学の成立という神秘——無限の誤差と引き換えに与えられる世界

先に述べたように、ヴェイユは非常に慎重にかつ限定的にではあるが、時に現代科学へ肯定的な評価を与えることもある。その中から「無視可能性という概念（la notion de négligeable）」（166/160）をとりあげてみよう。

無視可能性は古典科学がその上にいわば二重に安らっていた概念だが、現代科学における観察の「規模の変化」（166/160）に伴ってその安住は必然的に揺り動かされ、科学に混乱を引き起こすことになった。現代科学はこの概念の真の意味を明らかにすることによって、万象をくまなく説明できるという古典科学の思い上がりの誤りを暴く。しかし、この概念の重要性はそれだけではない。この概念は「まさに物理学の本質そのもの」（166/160）であり、「無視可能なものとは、物理学を構築するためには無視しなければならないものにほかならない」（166/160）と彼女は言う。無視可能性という概念は、古典科学も含めた科学全般の成立に関する彼女の根本的な洞察に結びついているのである。

この概念についてヴェイユはいくつかの箇所で触れているが、まず論文「科学の未来」にある比較的わかりやすい叙述から見てみよう。彼女はここで「人は自分が追求する対象と比べて非常に小さいものを事実上無視する」(192/182) と述べたうえで、次のように続ける。

[古典] 物理学者たちは、自分たちが事実上無視していたものを数学の無限小と同一視することによって、権利上も無視できるものにしたかった。[…] しかし、極限への二つの道筋には実際は大きな違いがある。数学者たちが無限小と呼ぶ量は、計算によっていつでもちょうど望むだけ減らすことができる。これに対して物理学者たちが無視可能と呼ぶ量は、現在の技術が許す以上に今この時減らすことができるものではない。今よりいっそう減らすためには、実際には確実とはいえない技術の進歩が必要だろう。したがって、物理学には無限小は存在しない。それは明らかなのだが、人々はそれを忘れてしまっていた。そして量子力学がこのことを再認識させたのだった。(192f./182)

数学者と異なり、科学者は現実の世界の事物や現象を研究する。その際、自分が扱う対象よりもはるかに小さいものについては、それを事実上無視せざるをえない。つまり、科学の体系の中にはつねに「誤差」が——実際に測定できるかどうかは別として理論上必ず——潜在している。科学者はこの誤差に気づいているが、さしあたりそれを「無視可能なもの」として研究を続けざるをえない。こうした状況そのものは、科学が扱う対象の性質からしてやむをえないことである。しかし、ヴェイユによれば、古典科学は自分が無視しているこの誤差をどのようなものと見なすかにあたって致命的な誤りを犯したのである。

無視可能性は技術の無限の進歩に対する信仰と結びつき（cf. OCVI-1 248）、古典科学は誤差を望むだけ無限に減らしうると考えて、世界表象における誤差を数学の無限小と同一視するに至ったとヴェイユは指摘する。つまり、先の引用にあったように、古典科学は誤差を「事実上」無視するばかりではなく、無限に減らせるのだから「権利上」も無視してよいと見なして、誤差を無視したこと自体を無視してしまう。それは「さしあたりこの誤差は無視してよい」とした最初の事実そのものをも忘れ去って何の心配もないという〈二重の無視〉である（cf. 166/160f.）。ところが、「測定器具の改良」（159/150）による観察規模の劇的変化は、古典科学がその上に安住していたこの〈二重の無視〉を揺るがした。観察規模がミクロの世界に及ぶに至って、当然その「誤差」は無視できないものとなったからだ。

しかし、ここであえて次のように問うてみよう。実際に技術が次々と進歩し、科学が含む誤差を無限に縮小していけるのであれば、やはり「無視可能性という概念は数学的な意味を持つことになる」（171/168）と言ってもよいのではないか。

だが、そうはならない。なぜなら、科学が含む誤差は技術の進歩とは本質的に無関係な誤差、数学と科学の「学」の違いに根ざした根本的誤差だからだ。「数学者たちが無限小と呼ぶ量」と「物理学者たちが無視可能と呼ぶ量」とは決して同一視できない、混同がありえないまったく異なるレベルのものである。技術の進歩が両者の混同をたとえどれほど強く後押しするとしても、ヴェイユがここで示唆する科学が含む「誤差」はそうした技術の進歩によっては決して打ち消せないもの、二重に無視などできないもの、まさに「物理学の本質そのもの」に関わる誤差である。古典科学が犯した過ちは、自身の本質に関わるこの誤差の真の意味を見誤った点にある。

ハイゼンベルクの「不確定性原理」は、ヴェイユにとってそのような根本的誤差の正体を暴く原理だった。この原理は、物質の位置と速度を同時に正確に測ることはそれがそもそも「測定」であるがゆえに不可能だと言う。ヴェイユにとって、それは「観察・測定の手続きが観察される現象に作用を及ぼす。したがって、観察していない時のあるがままの現象をとらえることは私たちにはできない」(193/182f.) ことを示す原理である。[9] それが明らかにしたのは科学の測定の、それが「測定」であるがゆえの本質的な不確実性、どれほど技術が進歩しても決して克服できない「原誤差」とでも言うべきものだった。それは科学が数学とは違いこの世界に実在する「物質」に関わり、世界を表象しようとする目的を持った学問であるかぎり、つきまとって決して離れない不完全性である。古典科学は思い上がってこの誤差を二重に無視可能と見なしたが、ヴェイユによればこの誤差は無視可能などころか、「人間はありのままの現象をとらえることができない」という科学にとって決定的かつ本質的な事実――物理学の本質そのもの――を示唆する原誤差だった。

現代科学において不確定性原理が「無視可能性」の真の意味を暴いたことは、ヴェイユにとって科学成立の（古代ギリシャであれ古典科学であれ、そもそも「科学」というものが成立するための）根本的な事情を考えさせるものであったと思われる。科学において無視されているもの、それを無視することによって科学がはじめて成立するところのものは、二重に無視して忘れてよい無限小の誤差であるどころか、「無限の誤差［…］、つねに世界と同じほど大きい、**世界とまさしく同じ大きさのもの**」（166/160、太字による強調は引用者）である。というのも、不確定性原理が明らかにしたと彼女が考える科学の本質に属する不完全性、古典科学において〈二重の無視〉として歪んで現れていたそれは、あるがままの真の世界の姿をとらえることは原理的に不可能だという人間の営みの根本的制約を意味していたのだから。科学が決して埋められない原誤差とは、人間が決して把握できない「あるがままの世界そのもの」である。「世界とまさしく同じ大きさ」の誤差というこのきわめて興味深いヴェイユの表現は、それを示唆する言葉にほかならない。

以上のことは、数学の自然への適用可能性という科学成立の謎の核心へとヴェイユを導く。

私たちは数学的に考えるために世界を拒絶する。そしてこの放棄の努力の後に、世界は私たちに言わばおまけで（par surcroît）与えられる。**無限の誤差と引き換えにではあるが、しかし実際に世界は与えられる**のである。［…］物理学は、人間が無限の誤差と引き換えに数学を適用して成功をおさめることができる領域を探究する。［…］人間の思惟はある一定の範囲で無視すると決めるものを選べる。科学の暗中模索の歴史はその大部分が、いやひょっとするとそのすべてが、無視可能性という概念をずっとさまざまな仕方で適用してきた歴史である。

（175f./174ff.、太字による強調は引用者）

人間の眼の前に常に開かれている巨大な一冊の書物である宇宙は数学という言葉で書かれているというガリレオの言葉が示すように、科学は数学をその言語とする。[10] しかし、人間の精神に純粋に属し、実験・観察によって世界から抽出したのではない数学的概念を、なぜこの世界に適用できるのか。人間が数学を世界に適用できること、それによって世界を表象し、そればかりでなく世界に働きかけることさえできることは（この働きかけがヴェイユにおける「労働」の真の意味なのだが）、彼女によればまさに神秘である。[11]

数学的諸概念の純粋さ、これらの概念に結びつく必然性と不可能性、これらの概念に似ていない事物から与えられるこれらの概念にとって不可欠のイマージュ［＝たとえば曲がった木の枝を「直線」とみなすこと］、そうした事物をそれがイマージュとなっている概念とわざと誤って混同することにより行われる人間の働きかけ（action）が成功すること［＝曲がった枝をわざと誤って「直線」とみなして梃子として用い、大きな石を動かすこと］、こうしたことはいずれも明白な還元不可能な神秘である。（170/166）

このように、古典科学はそれ自身の力ですべてを手にしたのではなく、その成功はある種の不可思議な恩寵の結果だった。それにもかかわらず、そのことを忘却しようとするところに古典科学の根本的な思い上がりがある。現代科学の登場は、ヴェイユにとってまず古典科学の〈二重の無視〉の問題が暴かれたということであり、そこに隠れていた科学の本質に属するこうした神秘が垣間見られた瞬間でもあった。この点で、現代科学が果たした役割を彼女はごく慎重にではあるが評価しないわけではない。しかし、ここで開かれたはずのドアは、現代科学においてそのまますぐに別の〈方法〉にすり替えられ、展開されることなく閉じてしまう。最後にヴェイユの現代科学に対する批判を、ここで見た「無限の誤差（世界そのもの）と引き換えに世界を与えられる」という彼女の考える科学成立の神秘との関連から考察してみよう。

5　現代科学批判——神秘の喪失

現代科学に対するヴェイユの批判は、科学の専門的内容に直接踏みこんだ難解なものである。その批判の対象も科学理論だけではなく、「科学者村」とでも言うべき研究状況の蛸壺化や第二次世界大戦最中の世界の危機的状況にまで及び、さらには彼女自身の哲学的・宗教的思索も絡んで、時に話が入り乱れる部分もある。しかし、彼女の批判は主として、科学が一九〇〇年以降に視野に入れざるをえなくなった先ほどのミクロの世界の説明にあたって、現代科学の主流派が共通してとったある〈方法〉に向けられているように思われる。「量子論についての省察」の文章を手がかりに、これを考えてみよう。

私たちに与えられている世界と仮説的で純粋に機械論的な原子の世界とを、確率の概念によって仲介することのむずかしさは、科学者たちを戸惑わせなかった。［…］彼らは確率を原子そのものの中に置いたのだから。こうして原子のような微粒子の軌道はもはや必然的ではなく蓋然的になり、必然性はどこにもなくなる。しかしながら、確率はひとつの厳密な必然性——その条件の中に知られているものもあれば未知のものもあるような厳密な必然性——としてしか定義できない。必然性の概念から切り離された確率の概念には何の意味もない。

このように切り離された確率は、もはや統計結果の要約でしかない。そして、その統計結果そのものも、実用的な有用性によってしか正当化されない。（207/204、太字による強調は引用者）

「仮説的で純粋に機械論的な原子の世界」とあるように、この引用からまずわかるのはヴェイユがミクロレベルでの完全な決定論を、すなわち古典科学がたどり着いた「真理」である機械的必然性の網の目としての世界表象を決して捨てていないということである。たしかに、科学における「誤差」の真の意味が先ほど見たような形で明らかになることによって、科学は永遠に蓋然的なものに留まらざるをえなくなり、科学的な世界表象にはあらゆる場面で「確率」が入り込むことになった。しかし、それは彼女にとって、表象すべき世界そのものが蓋然的で偶然的なものになってしまうことでは決してなかったのである。[12]

ヴェイユが現代科学に対して抱いた疑念のひとつは、科学に入り込んだこの「確率」の用いられ方に向けられている。従来の古典科学はたとえば石の落下を記述する際に「石全体をただひとつの原子とみなす」（161/153）のであり、この想定に基づいて万象をエネルギーに還元し統一的に理解するその頂点に達した。それは先ほど見たとおり、世界全体と等しい「無限の誤差」と引き換えに一旦与えられた神秘的な真理だった。だが、無視していたミクロの現象をもはや無視できなくなった時、科学は「石や空気の微粒子が描く運動の複雑な組み合わせ」(161/153)を再びすべて視野に入れて、「偶然性、確率、平均値、近似値などの概念を用いて、[古典物理学が]すでに計算した公式をもう一度見出さねばならない」(161/153)。測定器具の改良によって自分の中に破れ目を発見してしまった科学は、原子の運動をミクロレベルで新たに観察される現象に結びつけねばならず、同時にその同じ運動をマクロレベルで発見した必然的法則とも仲介せねばならない。この仲介は「厳密に再構成される確率によって」(161/153)のみ行われるはずだった。つまり、ヴェイユの考えでは、科学に入り込んだ「確率」が用いられるべき本来の場所はここにあった。

ところが、実際にはそうはならなかった。ミクロレベルの観察結果と古典科学の必然的法則との仲介に確率を用いるべきだったにもかかわらず、現代科学は確率をミクロの現象そのものの中に置いてしまった。つまり、現代科学は表象すべき世界そのものを確率的なものと見なしたのである。ラプラスのデーモンに統べられているはずの世界に直接不確定性を読み込み、世界それ自体を不確実で曖昧なものだと考える〈方法〉を現代科学は自覚的に選択した。そして、この〈方法〉は結果的に1で述べたような非常に豊穣な有用性を現代科学にもたらすことになった。だが、ヴェイユはこのような現代科学はもう科学ではないと主張する。それはどういうことだろうか。彼女が科学成立の神秘と考えた「無限の誤差(世界そのもの)と引き換えに世界を与えられる」こととの関係で、それを見ておく必要があるだろう。

ヴェイユが機械的必然性の網の目として解釈すべきだと考える世界を、現代科学は逆に「不確定なもの」と見なした。それは、先の不確定性原理の意味が完全に読みかえられたことを意味する。この原理は4で見た「人間はありのままの世界の姿を知ることができない（＝無限の誤差がある）」という意味ではなくなり、「世界はもともと曖昧なものだ」と主張する原理に変容するのである。つまり、現代科学ではもうあの「原誤差」は成立しない。「誤差」とは、それに照らして誤差を測るべき確かな世界があってはじめて生じるものなのだから。原誤差が成立しないがゆえに、「無限の誤差と引き換えに数学を自然に適用し、その結果なぜか世界が与えられる」という科学を成立させる神秘、古典科学では〈二重の無視〉によって覆い隠されてはいたが、やはりまだなお存在していた神秘もまた現代科学からは抹消される。ヴェイユにとってそれはもう「科学」ではない。「科学とわれわれ」の冒頭で、彼女はそうはっきりと述べている。

今世紀［二〇世紀］の変わり目に、私たち西洋の人間にとって非常に奇妙なことが起こった。私たちはそれとは気づかぬうちに科学を失ってしまっていた。あるいは少なくとも、科学という名前でこの四世紀ほどの間呼んできたものを失ってしまった。科学という名の下で私たちがいま手にしているのは違うもの、まったく違うものであって、それが何であるかを私た

ちは知らない。（139/121）

現代科学に対する彼女の危惧、それはもはや科学ではないという彼女の激しい批判は、このような神秘の次元の喪失、神秘によって支えられてきた「真理の観念」の喪失に対する危惧である。古典科学においてさえ、非常に不完全ではあったが「真理の観念」は存在した。それを支えていたのは、古典科学が打ち消そうとしても打ち消せなかったこの神秘の次元だった。その次元が自覚的に捨てられる時、真理という観念もまた消える。科学はもはや何らかの人間の経験をモデルに世界を表象（再構成）しようという「目的」を持たなくなる。現代科学（量子力学）において、科学者は世界を理解するためのモデルを手放してしまった。つまり、現代科学は「古典科学から自然の諸法則と労働の制約との類比を、すなわち原理そのものを差し引いた」（157/147）のである。そうなると、残るのはまさに有用性だけだ。科学者は「もはや自分が主張する事柄を自分に説明できない」（205/200f.）まま、「公式の正しさを計算の量に、それらの計算から生じる実験の量に、さらにそれらの実験から生じる技術的応用の量に基づける」（158/149）だけになる。

ヴェイユによれば、現代科学は自分が何をしているか知らぬまま、とにかく有用でさえあれば問題はないと考えて真理の観念をみずから放棄する状況に陥っている。古典科学をかろうじて支えていた神秘の次元は、現代科学では閉じられてしまった。「量子論を利用できる人はたくさんいるが、量子論を理解している人は一人もいないだろう」という量子物理学者ファインマンの言葉は、[13] ヴェイユからすれば現代科学が陥っている危機的状況をそのまま示す言葉となるだろう。

*

ヴェイユの現代科学批判は、「科学とは何か」をめぐる彼女の洞察と密接に関わっていた。科学とは無限の誤差（世界そのもの）と引き換えに数学を世界に適用し、その「無償の報酬」として「実在との接触」を手に入れること、手放したはずの世界をなぜか「いわばおまけで」与えられるという神秘である（cf. 175/174）。しかし、この神秘を持ち堪えることはむずかしく、古典科学はむしろ自分の中からこの神秘や対立するものの相関を消そうと試みる。ヴェイユの古典科学に対するアンビバレンツな評価は、古典科学の中に真理を支える神秘や矛盾がなお残存し、しかし同時にほぼ消えかけてもいる――〈二重の無視〉はそれを示している――という複雑な状況に由来している。

このように、彼女にとって古典科学は「真理」となお結びついてはいるが、その結びつきはきわめて部分的で、自分の中にある暗さに目を瞑った奥行きのないものでしかなかった。一方、古典科学にかろうじて潜在するこの暗さから生まれたはずの現代科学は、神秘に通じる閉じかけた扉を再び開くどころか、ヴェイユが必然的と見なす世界を確率的なものと見なして逆に扉を閉めてしまう。彼女の激しい批判は、神秘や矛盾を持ち堪えるのではなく、それらに直面して混乱するのでもなく、もはや気にしない（有用であれば後はどうでもよい）という形でみずから扉を閉める現代科学の確信犯的な態度に向けられるのである。

したがって、本節の最初に設定した問題、「現代科学において何が変わったのか」という問題の答えは、ここまで考察したことからすると「神秘の次元（とそれに支えられていた人間の真理の観念）が失われた」ということになるだろう。このことはつまり、これまで人間にみずからの傲慢を自覚させ、自分を超える何ものか――たとえば「いのち」という言葉で呼ばれるような何ものか――への回帰を繰り返し生じさせていた人間の有限性の自覚が消失するということでもある。しかも、この時人間は実際に有限でなくなるわけではない。自分の力を過信して有限性が見えなくなっているのでさえない。この消失は神秘への扉を閉めることを通じて、「自分を超える何かがあるかどうかなど、もはや知る必要はない」という形で起こっている。それは有限であることが人間の念頭からただ単に消え失せたことを意味する。そこには過信よりももっと根が深く、もっとふてぶてしい怠惰のようなもの、従来のような形で「悪」として名指すことがむずかしい何かが顔を覗かせている。

ヴェイユによれば、現代科学はそのような危機的状況にある。しかし、あえてもう一度問うならば、有限性を忘れることの何が問題なのだろうか。ヴェイユが神秘の次元と考えるものが失われ、世界が奥行きを失って平坦になることの、いったい何が悪いのだろう。ヴェイユは端的に「人間はそれを失っては生きていけなくなる」と言うが、それはなぜなのだろうか（cf. 147/133, 152/140）。人間はこのとき何に行き詰まるというのか。

本節で考察したのは、現代科学において何が変わるのかということの輪郭にすぎない。「神秘の次元が失われる」というその答えの内実を明らかにするには、ここでは十分に論じなかった「善」やそのイマージュの問題に直接踏みこむ必要がある。そのためには「自分自身のうちにあって農夫に似たあらゆるもの」（490/270）にもう一度目を向けねばならないだろう。老いた農夫が空を見て天気を知ることは、もちろん、それが明日の耕作に役に立つからである。しかし、その「役に立つ」ことは単なる有用性ではなく、そこにはある種の不思議な奥行きが——役に立つことが同時に「実在との接触」という神秘でもあり、それゆえにまた祈りでもあるような暗い深さが——ある。この奥行き、接触、祈りが失われる時、人はどのように行き詰まり「生きていけなくなる」のか。これについて考察することはまたこれからの課題としたい。

第二節

人間の生の〈ありえなさ〉

シモーヌ・ヴェイユにおける「不幸」の概念

1 事柄のとらえがたさについて

シモーヌ・ヴェイユという人とその思想には奇妙なとらえがたさがある。彼女には通常の意味での「著作」はないが、書き残された膨大な論文や原稿、ノート（カイエ）[1]の内容は、知覚、労働、美、科学、政治、宗教にいたるまできわめて多岐にわたる。量子力学やブルバキの難解な数学理論を論じるかと思えば、切迫した政治問題へ突然話が飛び、それがプラトンやキリスト教をめぐる神秘主義的な宗教思想へと展開されていく――こうした彼女の論述の一見無軌道な交錯ぶりは、たしかにその思想を実際に読み解こうとする者をひどく混乱させる。しかし、彼女の思想の本当のとらえがたさは、そういう具体的な読解のむずかしさを超えて、もう少し別のところにあるように私には感じられる。それをどのように言い当てればよいか、そのこと自体がとてもむずかしいのだが、ここではさしあたり直観的に、「彼女の論じようとしている事柄そのものが原理的にとらえがたいものなのだ」と言ってみよう。

ヴェイユの思想のこうした原理的なとらえがたさについては、さまざまな角度から論じることができるだろう。なかでも、本節で手がかりにしたいのは彼女の提示する「不幸」という概念である。これには理由がある。

ミクロス・ヴェトー（Miklos Vetö, 1936-2020）が指摘したように、彼女の哲学にはプラトンとカントが大きな影響を与えている[2]（付け加えておくと、ヴェイユを読んでいるとすぐにわかることだが、彼女は大のアリストテレス嫌いである）。これに加えて、彼女の伝記を書いた友人シモーヌ・ペトルマンが強調しているように、高等中学アンリ四世校の受験準備学級で出会った師アラン（Alain［Émile-Auguste Chartier］, 1868-1951）もまた彼女に決定的な影響を与えている。[3]プラトンやカントの哲学は、アランを経てヴェイユへと流れ込んでいるのである。しかし、そうであるとすれば、やはり気になるのはそうした諸思想とヴェイユ自身の思想とを分ける鍵――と言うよりはむしろ、それらの諸思想をヴェイユが自身のものとしていく際の、その独自の観点ではないだろうか。

ヴェイユが彼女自身の思想を生み出していく際の決定的な契機となったのは、哲学教師となって三年後、二五歳の時に休職して断続的に従事した約八か月間の工場労働であったことは間違いないだろう。後に見るように、彼女はここで「物事に対する自分の見方全体が根本的に変わった」と述べているからである。このとき彼女が触れたものは、やがて「不幸」という問題の核を得て深められていく。工場労働の直後の一九三五年から一九三八年にかけて、ヴェイユは「カトリシズムとの三度の接触」（AD 41）とみずから名づける宗教的体験をするが、この体験もまた工場労働で触れた不幸の問題の流れの中にはっきりと位置づけられている。[4]

ところで、ヴェイユはある箇所で、師アランは不幸の問題を見逃していたという趣旨の批判を行っている。これについては本節の最後で見るが、不幸の問題は煎じ詰めれば「私はなぜ〈この私〉なのか」という、今日の哲学で言うところのWhy-me Questionにつながる。それは「心の哲学」などに属する形而上学的な難問であると同時に、実際に不幸の渦中にある当事者の「なぜ私なのか」「なぜこれが私でなければならなかったのか」という自分自身ではどうすることもできない運命をめぐる問いでもある。だが、この重要な問いを、ヴェイユが批判するようにアランは——もしかしたら彼女が嫌ったアリストテレスもまた——本当に見逃していたのだろうか。私にはむしろ、ヴェイユが不幸と名づけた、人間の意志や志操を根こそぎにしていく力をもつこの問題を彼らもまたある仕方で見ていて、だからこそ彼らはこれに直接的にはあえてほとんど言及しないという立ち位置を取ったように思われる。だとしたら、まさにここにおいてこそ、先ほどのヴェイユの「独自の観点」がくっきりと際立つのではないだろうか。本節において私が「不幸」の概念を手がかりにしたい理由はここにある。

私見では、ヴェイユが論じようとしている事柄のとらえがたさとは、単に説明や表現がむずかしいということではない。そのとらえがたさの深源は、さしあたりまず、彼女が言う不幸が私たち人間の生を決定的に左右するものでありながら、しかしそれは言ってみても根本的に詮無く、言った端からその言葉の意味が溶けて消えていくような事柄であるという点にある。その意味で、これは私たちの理解や言葉が届くぎりぎりの、いわば「際」にあるような事柄であって、だからこそ、仮に何らかの形でこれに気づく者があったとしても、その多くはむしろそれには言及しないことを積極的に選ぶのである。

「不幸」という問題をめぐってヴェイユとほかの人々との間にこのような違いが生じる理由を明確に理解するためには、それゆえ、彼女がいた特別な位置を考えに入れねばならない。彼女にとって不幸とは「知っておくべき悲惨な可能性」などではなく、まさに自分自身の〈現実の生〉だった。彼女は、自分が不幸と呼んだ状況を自分自身の生として生きた、いわば「当事者」だったのである。この特殊な立ち位置を考慮に入れる時、ヴェイユの思想ははじめてそのとらえがたさの全貌を——たとえ一瞬思考を掠めるようにであったとしても——私たちに見せるのではないだろうか。

本節では、こうしたことを頭の片隅に置きつつ、ヴェイユ自身の工場労働の体験とそこで見てとられた「不幸」の問題を通して先述の「際」へと少しでも近づき、彼女が生きた「人間の生の〈ありえなさ〉」を覗いてみよう。

2　不幸との接触

一九三四年一二月から一九三五年八月にかけての約八か月間、二五歳のヴェイユは当時働いていたリセの哲学教授を休職し、身分を隠して未熟練工として働いた。彼女が従事したのは主として金属加工を行う工場でのプレス工、フライス工の仕事である。当時のヨーロッパは、一九二九年のアメリカに端を発する世界恐慌の煽りを受けて深刻な不況に襲われ、労働者は慢性的な失業状態にあった。こうした社会状況に加えて、生来の手先の不器用や病弱のせいもあり、ヴェイユはわずか八か月の間に二度解雇され、アルストン社、ルノー社など三つの工場を転々とする。

ヴェイユがこの時期なぜみずからこのような労働に入っていったかについては、本来は彼女の思想全体に照らして考察されるべきだが、その根底に〈現実の生（la vie réelle）〉に触れたいという彼女の切実な欲求があったことは確かだろう。こうした欲求に一種のエリート臭さを見てとられることを承知の上で、それでもなおヴェイユは〈現実の生〉との接触を求めていた。そのことは、工場労働の直前に教え子へ向けた手紙の中でやや自嘲気味に「かの有名な「現実の生」に少し触れるために」と書いていること(5)や、実際に働き始めた後に同じ学生へ「私がやっているのは、前にお話しした《現実の生との接触》です」（CO 66）と書き送っていることからも

明らかである。(6)

では、この〈現実の生との接触〉は彼女に何をもたらしたのか。工場労働を始めて一か月ほど経った頃、彼女はある知人に向けて「これは現実（réalité）であって、もはや想像（imagination）ではない」と書き、それに続けて、この体験によって変化したのは自分がすでに持っていた具体的な考えではなく（むしろそれらはいっそう強まった）、物事に対する自分の見方全体だと述べている（CO 52）。さらに、そこから七年以上を経て、彼女はこれをドミニコ会士であったペラン神父へ宛てた手紙で次のように語り直す。長くなるが、その部分を引用してみよう。

私の魂と体はいわば砕け散ってしまいました。工場の生活で不幸に触れたことにより、私の青春は死んでしまったのです。それまで、私は自分自身のものではない不幸を経験したことがありませんでした。自分の不幸は自分のものですから重大とは思えず、さらにそれは［重い頭痛などの生来の病弱さといった］生物学的なもので、社会的なものではなかったので、中途半端な不幸でしかありませんでした。世界にはたくさんの不幸があることはよく知っていましたし、そのことは頭から離れませんでしたが、それに長く触れて実感したことはなかったのです。ですが、工場の中で誰の目にも、自分の目から見てさえ、名もない多くの人たちと区別がつかなくなった時、他の人たちの不幸が私の肉体の中へ、魂の中へ入り込んできました。私をそこから引き離すようなものは一切ありませんでした。なぜなら、私は実際自分の過去を忘れていましたし、あの疲労に耐えて生き延びられるとはとても想像できなかったので、先のことは何も期待していなかったからです。あそこで受けたものは私に刻み込まれ、今日でもなお残っています。いまだに人から乱暴でなく話しかけられると、それが誰であれどんな状況であれ、「これは何かの間違いで、残念だがいずれ儚く消えてしまうだろう」とどうしても感じてしまうのです。ひどく軽蔑する奴隷の額にローマ人が焼けた鉄で烙印を押したように、私はあそこで永遠に奴隷の烙印を受けました。それ以来、私はつねに自分を奴隷と見なしてきました。（AD 41f.）

この長い一節で、ヴェイユは工場での〈現実の生〉が自分に刻み込んだものは「不幸」、すなわち「奴隷の烙印」だと語っている。自分の物の見方を根本から変えた〈現実の生〉との接触を、彼女は最終的にみずからの自己認識を根本から変えてしまう「不幸」との接触として理解したのである。では、この時ヴェイユに起こったこと――彼女に生涯「自分は奴隷である」と見なさせるにいたった「不幸」とは、具体的にはどのようなものだったのだろうか。

ヴェイユは工場での体験を、自分が携わった実際の作業とともに詳細に書き残している。さらに六年後、彼女はそれを「工場生活の経験」という論考として発表する。こうした記録からごく簡単に説明するならば、彼女が工場において体験したのは、「物〔機械部品や製品〕が人間の役割をし、人間が物の役割をする」(OCII-2 295/CO 336)という人間の尊厳の喪失状況だった。人間はさまざまな仕方で絶えず「物」扱いされることによって、次第に自尊心を失い、自分で自分を「物」であると認めてしまうようになるとヴェイユは言う。

まるで「お前はここでは何ものでもない。お前などどうでもいい。お前がいるのは服従するため、ひたすら耐え忍び、口をつぐんでいるためだ」と誰かが耳元で分刻みに繰り返し、自分はそれに何も言い返せないようなものだ。このような繰り返しに抵抗することはほとんどできない。そして、ついには自分の心の奥底で、自分などどうでもよいと認めてしまうようになるのだ。(OCII-2 292/CO 331)

こうした状況の中であらゆる自尊心を剥ぎ取られた人間の状態が「不幸」であり、先ほどの引用にもあったようにヴェイユはこれを「奴隷状態(esclavage)」と呼ぶ。それは人が自分自身の個性や、私がこの私であることの象徴たる「名」を剥ぎ取られ、番号で呼ばれる単なる物(工場で言えば、命令によってすぐ取り換え可能な部品)となった状況を指している。工場労働を終えた直後の「この経験から得たものは?」というメモの冒頭に、彼女は次のように書き残した――「どんな権利であれ、何に対する権利であれ、自分は一切権利を持っていないという感じ（この感じを失くさないように注意すること）」（OCII-2 253/CO 170）。

しかし、ヴェイユの描写するこのような「不幸」に対しては、すぐにいくつかの疑念が持ち上がるだろう。このような非人間的な状況になぜヴェイユは唯々諾々と従い、積極的に反抗しようとはしなかったのか。結局、このような状況に陥ったのは彼女自身の個人的資質の問題であり、はっきり言えば彼女の心の弱さが原因ではないのか。

こうした外部からの疑念や批判はヴェイユの後の人生について回るものとなった。それらは彼女の思想にとって「外在的」な批判に過ぎないと切って捨てるのは簡単だが、私はむしろこうした批判を前にした時の彼女の口ごもりにこそ、先に述べた彼女の思想の「原理的なとらえがたさ」がはっきりと現れているように思う。そこで、これらの批判の中から彼女が最初に突き当たった「強い魂（l'âme forte）」という言葉をとりあげ、そこにある彼女の困難の現場に近づいてみよう。

3 「強い魂」という問題

ヴェイユは工場で自分が触れた〈現実の生〉を「不幸」や「奴隷状態」という語でとらえたが、それは外部からの批判を呼んだだけではなく、彼女の親しい友人たちにとってさえ到底理解しがたいものだった。彼女の誇り高さ、過敏とも言える感受性、生来の不器用や病弱のために、ヴェイユはほかの人よりもずっと早く、かつ誰よりも深く打ち砕かれ、「私にはいかなる権利もない」と感じる異様な「奴隷状態」に陥って、そこから回復することはなかった――表面的にはまさにそのとおりなのだが、もしそのとおりであるだけなら、それは悲惨ではあるが、しかし彼女だけの特殊な事情だろう。ヴェイユがここで得た考えは、ある友人が評したように「公正ではありえない」ものであり、決して一般化はできないだろう。(7)

しかし、これに対してヴェイユは、自分に起こったことはあらゆる人に起こりうると反論しては(CO 228)、同時にそれに対して口ごもる奇妙な逡巡を繰り返す。たとえば、工場を出て一年にも満たない頃に知人の技師長へ宛てた手紙で、彼女は次のように言う。

あなたは私を、「自分の経験を一般化していいのか」と疑ってくださってよいのです。私自身もそれを疑いましたから。もしかすると、ひどすぎる生活条件ではなく、毅然とした性格の力が私に欠けていたからではないかと私も考えました。ですが、私にその力がまったくなかったわけではありません。なぜなら、私は自分であらかじめ決めていた日まで頑張ることができたのですから。（CO 217）

こうした微妙な言い淀みは、とりわけ「強い魂」という言葉をめぐって現れる。工場で就労する機会を最初に彼女に与え、その後も長く親しい友人となったオーギュスト・ドゥトーフという人物へ宛てた手紙で、ヴェイユは次のように述べている。

先日のあなたの言葉に私は打ちのめされました。あなたはこうおっしゃいましたね、尊厳とは外見のうわべに左右されない何か内的なものなのだと。それどころか、数々の不正やひどい侮辱や勝手気ままな命令に逆らうことなく黙って耐えても、尊厳を失わずにいられるというのはまったくそのとおりです。強い魂があれば十分なのです。（CO 283）

自分が尊厳を失って打ち砕かれ、自身を「物」、すなわち他人の意志に委ねられた道具と見なすにいたったのは、それに抵抗しうる「強い魂」が自分になかったからだということを、おそらくヴェイユは認めざるをえない。それは事実そのとおりだった。彼女はこの時、この打ち砕かれの経験（不幸）のまさに「当事者」だったのだ。彼女が口ごもるのは、彼女がこの経験を脇から観察する第三者ではなく、実際に「強い魂」を持てなかった当事者だったからである。「工場での労働者は自分自身の不幸について自分で書き、話し、考えてみることさえほとんどできない」（OCII-2 289/CO 328）と彼女が言う時、それは彼女自身の身に起こったことにほかならない。「不幸ほど認識しがたいものはない。それは常にひとつの神秘である。ギリシャのことわざが言うように、不幸は声を持たない」（OCII-2 299/CO 341）

　不幸という経験は当事者からそれを表現する言葉を奪う。しかし、経験をした当事者がその経験を語れないというのは考えてみれば奇妙なことである。なぜこの経験は一時的にではなく、ほぼずっと「声を持たない」のだろうか。その鍵は、ヴェイユが〈現実の生〉において触れた「人間が物になる」という不幸の経験の異様さ、それが当事者に与える癒しようのない傷にある。彼女はそれを端的に「人間の生はありえない（*impossible*）。これを感じさせるのは不幸だけだ」（OCVI-2 435/II 261）と語る。この〈ありえなさ〉とは、まさかこれが本当であるとは信じられず、そんなことは決してあるはずがないという「非現実の感覚」であって、そこにはある種の馬鹿々しささえ含まれている[8]（OCVI-2 198/II 18）。多くの人が「これは彼女の個人的な経験であって、一般化できない」と感じたのは、この異様なありえなさに対するほとんど本能的な拒絶反応だった。ところが、ヴェイユにとってはまったく逆に、このありえなさは想像を超える〈現実の生〉そのものの姿であり、むしろその常態にほかならなかったのである。

そうであるとすれば、ヴェイユのこの口ごもりの意味を明らかにし、彼女が論じようとしている事柄の原理的なとらえがたさに迫るには、「人が物になる」という不幸の経験の〈ありえなさ〉が当事者にとってどのような事態なのかを、よりくわしく考察する必要があるだろう。当事者にとって不幸のこのありえなさとは何か。そのような経験において「当事者」であることはどのような意味を持つのだろうか。

4　人間の生の〈ありえなさ〉

「不幸」の中で声を失う人間の典型として、ヴェイユは『旧約聖書』のヨブに言及している。彼女はヨブに託して、不幸な人の魂の奥底にまで浸透している自分自身への深い侮蔑、不信、有罪の感覚を語る。

ヨブがあれほどまで絶望的な口調で自分の無実を叫ぶのは、彼自身に自分の無実が信じられないからだ。彼自身の中で、魂が友人たちの味方をしてしまうからだ。

(OCIV-1 350/AD 103f.)

ヨブにとって無罪を証明する自分の良心の声は、もはやぼんやりとした死んだ記憶でしかない(OCIV-1 350/AD 104)。もう誰も、自分自身でさえ自分の味方ではない——不幸の経験の当事者が陥るこの奇妙な有罪の感覚は、自分の身の転落に自分がどこかで決定的な「共犯」として加担していたのではないかという当事者の意識を示している。(9)

ヴェイユにもまたこれと同じことが起こった。「お前には強い魂がなかったのだ」という言葉は、彼女にとって事情を知らぬ他人の勝手な批判ではない。問題は、何より「ヴェイユ自身に自分の無実が信じられない」ことに、そして「ヴェイユ自身の中で、魂がこの批判の味方をしてしまう」ことにある。この罪責感や加担の意識はどこから来るのか。この問題を解く鍵は、ヴェイユが不幸に関して用いる「閾値(seuil)」という言葉にある。「閾値」という言葉が示しているのは、本当の意味の不幸とそれ以外の悲しみとの境、その限界点である。

悲しみはたとえ非常に激しく深く長く続くものであっても、本当の意味の不幸とは違うものであり、不幸とあらゆる悲しみとの間には、水の沸点がそうであるように閾値による連続と分離がある。そこを超えると不幸があり、その手前にはないという限界があるのだ。この限界は純粋に客観的なものではない。あらゆる種類の人格的要因が考慮される。ある人を不幸に投げ落とすその同じ出来事が、別の人にとってはそうでないこともある。

（OCIV-1 348/AD 100f.）

ある人がもうこれ以上耐えられず、自分で自分を物であると認めてしまう転落の瞬間が、連続と分離をひとつのものとして示す水の沸点のような物理的「閾値」としてとらえられていることは興味深い。水に沸点があるように、この転落はある意味自動的に、当事者にはどうしようもない形で起こる。だが、そこで賭けられているのはその人の「あらゆる種類の人格的要因」、すなわち私が〈この私〉であることのすべてなのである。[10]

この瞬間、その人は賭けられた自分のすべてが、「閾値」における転落を前に自分を踏み止まらせるには「弱すぎた」ことを知る。私が〈この私〉であることはこの不幸への転落を防ぐ役には立たず、まったく無力だった。自分とは違って「別の人」なら、その瞬間になお「強い魂」を維持することができたかもしれない。しかし、私はそのような「強い魂」を持つことはできなかった。私はこの私であったからこそ、すべてを失った。私がほかならぬこの私であったことが、私の転落の理由である。その意味で、この転落はあくまでも私の仕業、強いて言うならば私の責任であり、私の自由によって起こったこととして見られる。この時、当事者は「私がほかの何者でもなく〈この私〉であったこと」に非常に悲惨な形で直面させられるのである。

しかし、この不幸への転落の〈ありえなさ〉の本質は、じつはこの悲惨な直面と、そこで生じる自責の念そのものにあるのではない。今しがた確認したのは、不幸が「私が〈この私〉であること」を理由とするきわめて個人的な現象であり、その点で拭い切れない無力と自責の念を当事者に引き起こすということだった。ところが、事態にはこれとはまったく別の側面がある。それによれば、この転落は決して「私が〈この私〉であること」が理由で起こったのではないのだ（先に「閾値」が水の沸点のような、ほとんど物理的・自動的な問題としてイメージされていたことを想起されたい）。

もう一度ヨブという典型例へ戻ってみよう。彼が『旧約聖書』で語られるような彼自身の「閾値」へ置かれ、試され、それに耐えられずに「不幸」へ陥ったのは彼のせいだったのだろうか。私たちはそうではないことを知っている。彼には通常の意味での「非」はまったくなかった。義人の苦しみは、この恐ろしい「理由のなさ」を浮き彫りにする。ヨブが直面したのは、ヨブ自身の努力によってはどうにもならない、彼の自律的なあり方によっては一切コントロールできない、現代の倫理学などでしばしば話題になる言葉で言うならば「運」の問題である。『旧約聖書』の物語においてヨブは義人であることによって選ばれてしまうのだが、それはむしろ不幸がその対象を一切選ぶことなく、「誰であるか」を問わずランダムに襲いかかることを——義人であることを理由にそれを免れることはできないということを——際立たせるのである。不幸はこうして、この世のあらゆる人間的価値が無意味になる場所を作り出す。

霊的な完全性の段階などまったく考慮に入れない盲目のメカニズムが、たえず人間を揺さぶり、そこから何人かを十字架の足元に投げる。[…]／メカニズムが盲目的でないとしたら、不幸は一切存在しなくなるだろう。不幸は何よりも匿名的なもので、とらえた人々から人格性を奪って、彼らを物にしてしまう。不幸は無関心(indifférent)である。この無関心の冷たさ、金属のような冷たさが、不幸が触れるすべての人々を魂の底まで凍らせる。不幸が触れた人々はもはや熱を取り戻すことがない。彼らはもはや決して自分が何者かであることを信じなくなる。(OCIV-1 352/AD 107f.)

この瞬間、人は「名」を失う。私が閾値に置かれたことは、私のこれまでのあらゆる努力、積み上げてきた功績、はたまた私の悪行とさえ、総じて「私が〈この私〉であること」とは一切関係がない。「私はこういう者である」といくら叫んでも甲斐がない。私がどのような者であったかとは一切関係なく、偶然（運）が私をつかんだ。このメカニズムは私たちが通常信じている人間的価値の優劣を誤差の範囲にさえせず、「誰であるか」に一切頓着することなく、まったくランダムに対象をつかむ。こうして「私が〈この私〉であること」は無力どころか完全に意味を失い、不幸への転落は私にそもそも「名」があったことを忘れさせる。ヴェイユはこれを次のように言う――「もし不幸が偶然というものを含んでいなければ、不幸はこのような力を持たないだろう」（OCIV-1 352/AD 108）。

不幸の〈ありえなさ〉はここまで来た時に真の姿を現す。この時、当事者は「私がほかの何者でもなく〈この私〉であること」に、その無力という形で徹底的に直面させられる一方で、そのことが自身の不幸への転落においてそもそも最初からいかなる意味も持っていなかったというありえない矛盾の内に置かれるからである。この転落は紛れもなく「私のせい」でありながら、「私のせい」であることはじつは最初から骨抜きにされている。しかし、だからといってそれが「私のせい」でなくなることは決してない。この二つの事態は同時に起こり、そのことが〈ありえなさ〉の核となっている。この時、不幸の当事者は「たしかに私のせいだ。しかしなぜ私なのだ」という騙し討ちにあったとしか言いようのない感覚に襲われる。連続にして分離という不幸の「閾値」の不条理はここにある。この時、私は「私が〈この私〉であること」をめぐるありえない矛盾の場となっているのである。

この〈ありえなさ〉において、私が〈この私〉をまるで他人を見るようにまざまざと見つめる瞬間、私と〈この私〉との間には埋めようのない間隙が生じている。この間隙は、「私が〈この私〉であること」にいかなる理由もなかったことを、それが完全な偶然だったことを示している。だが、本当にありえないのはこの偶然、すなわち私と〈この私〉との驚くべき分離ではない。本当にありえないのは、この偶然がすでに起こってしまったということ、その結果として私は〈この私〉に同定され、もはや私は〈この私〉以外の何者でもないという現実である。現実の生の底は、いわば二重に抜けている。「私が〈この私〉である」ことは偶然である。それだけで人は呆気にとられる。しかし、真にありえないのは、この偶然に気がついた時にはすでに私は〈この私〉でしかなく、それは変えようがなく、それゆえ、〈この私〉がしたすべては私がしたことでしかないという厳然たる事実である。この偶然は私を〈この私〉から解放し、私を自責の念から解放することは決してない。

この二重に底抜けした〈ありえなさ〉において、私を〈この私〉にした偶然が、私にとってもう変えようのない、どのように言葉にしても詮無いひとつの根源的な「過去」として姿を現している。この「過去」は私の生を決定的に左右するものでありながら、それについて語っても現在の私の生の布置は寸分も変わることはない。「人間の生はあ、り、え、な、い。これを感じさせるのは不幸だけだ」とヴェイユが語る時、彼女が見ているのはこのような「過去」であるように私には思われる。

5　再び、事柄のとらえがたさについて

ヴェイユが論じようとしている事柄の原理的なとらえがたさを、彼女の「不幸」の概念を手がかりに考察してきた。不幸の問題は、最終的に「なぜ私は〈この私〉だったのか」という一種のWhy-me Questionへと収斂する。もう一度、これをヴェイユ自身の不幸論へ戻って確認してみよう。

この問いを叫ぶ者は、自分の不幸への転落において自分が弱すぎたこと、すなわち「私が〈この私〉であること」がその状況に対してまったく無力であったことを目の当たりにし、激しい自責の念に駆られている。だが、この時同時に、その人はそれとはまったく逆の事態にも直面していた。それは、自分が転落の閾値に立つよう選ばれたこと自体がそもそも偶然だったこと、すなわち「私が〈この私〉であること」は無力であるどころか、最初からカウントさえされていなかったという事実である。しかし、この事実を知ることは、当事者の自責の念を癒すことはない。この事実は「私が〈この私〉であること」から私を解放することは決してなく、

私の現実の生を寸分も動かさず、私を決して免責しないからである。この時、現実の生は異様な〈ありえなさ〉を呈し、非現実的でほとんど滑稽とさえ言いうる色合いを帯びることになる。騙し討ちのようなこの〈ありえなさ〉に私たちが触れることがあるとすれば、それはおそらくヴェイユが言うように不幸を通してだけである。

そして、これもまた彼女が言うように、このようなありえなさは「あらゆる人」の生の根底に隠れている。人は不幸を通してそれに触れるが、不幸が本質的に偶然なものである以上、そこへ転落する可能性を免れている人はいない。誰もがその可能性を潜在的に持っている。すなわち、ある地点まで来ると足を滑らせて「物」となるリスクを、そうして自分自身の生の〈ありえなさ〉に直面するリスクをあらゆる人が持っている。その意味では、誰もがみな潜在的に「物」である。いま私がヴェイユの言う「物」とならずにいられるのは、まさしく「偶然」でしかない。

だが、ここにはもうひとつ、問わねばならない根本的な問題が残っている。たとえ私たちがみな潜在的に「物」であるからといって、今この瞬間に自由に生きることに意味がないとは私たちはまったく考えていない。ある種の極限状況で起こることが事実、潜在的にあらゆる人にあてはまるとしても、それによって日常までを論じるのは乱暴過ぎる。もちろん、私たちが潜在的に「物」であるという事実は、現在享受している自由の意味を考え直させはするだろう。

しかし、そのことは自由を帳消しにはせず、むしろ今ある自由の「有り難さ」を、その貴重さを際立たせるのではないか。しかも、先にも述べたようにヴェイユが見ているのは、不幸の当事者にとってさえ、それを語ることが自分の現在を一切変えることのない、自分を決して免責しない、すでに終わってしまった究極の「過去」だった。同じことは非当事者の側からも言える。たとえば、この「過去」を理由に犯罪者の罪を許すなどということは到底ありえない。この甲斐のなさを、いったいどうしろというのだろう。

この問題は、本節の最初で触れた、ほかの思想家とヴェイユの立ち位置との違いをいっそう際立たせる。たとえば、ヴェイユはアランに対して「シャルティエ［アラン］の過ちは苦しみ（douleur）を拒んでしまったことだ[11]」、「シャルティエは純粋な必然性［人間を不幸へ投げ入れる盲目のメカニズム］の価値が何にあるかをきわめて不十分にしか理解しなかった」（OCVI-3 355/III 322）と述べ、アランが「不幸」の問題を軽視したと批判する。しかし、そのアランは『幸福論』の献辞で、身体的なものが生み出す気分を人が拡大解釈することによって不幸が作り出されるとした上で、そこに次のような興味深い留保を付け加える――「私が言っているのは不幸である深刻な理由のない人たちのことだ、なぜならそういう人たちは自分のせいで不幸なのだから。私は真の不幸については何も書かなかった[12]」。このあっさりとした、しかし明確な留保は何を意味しているのだろうか。さらに、ヴェイユがしばしば批判するアリストテレスもまた[13]

次のように述べていた。

けれども、徳にしてもまだ不完全であるように思われる。なぜなら、徳をもっていながら、眠ることも、生涯何もしないということも可能であり、それればかりか、最大の苦難を受けたり、この上もない不運に見舞われることさえありうると思われるからである。ある特定の立場を固守するのでないかぎり、だれもこのように生きる人を幸福とは見なさないであろう。[14]

このように書くアランやアリストテレスが、ヴェイユが言う「不幸」という重大な問題に気づいていなかったとはとても信じがたい。そこにはむしろ、不幸が示す「人間の生の〈ありえなさ〉」をある仕方で見遣りつつも、それでもなお自由を重視し、あくまでもこの「人間の世界」の中で私たちが為すべきことを、為しうる範囲を的確に見極めながら為すという大人の抑制のようなものが感じられる。たしかに、その態度は先ほどの「強い魂」に属している。しかし、それは「人間の生の〈ありえなさ〉」を前にして言っても詮無いことは言わず、なお可能なかぎり積極的な手を尽くして不幸への転落を防ごうとする姿勢、転落から自他を守ろうとするある種の誠実な人間の姿勢ではないだろうか。いずれにしても、彼らがこの問題についてな

ぜ多くを語らなかったのかということは、不幸の概念の特殊性とともに、考察すべき点をなお残している。(15)

しかし、このような立場と比較して再度ヴェイユの側に戻るなら、彼女の立ち位置もまたはっきりと見えてくる。まず言えるのは、彼女にとって「不幸」とは、それを見遣りつつ何かを誠実に為すことが人間にとっての重要な義務ともなるような、そういう可能性ではなかったということである。彼女は不幸への転落の当事者であり、不幸は彼女にとって自分自身の〈現実の生〉そのものにほかならなかった。彼女は二度と「強い魂」には戻れない場所にいる。言う端から言葉が意味を失い消えていくような場所にいながら、それでもなおそこで何かを言い続けようと地団太を踏み、ほとんど意味不明な言葉を発する滑稽な女——それがヴェイユである。

だが、彼女がその時、そこで考えようとしたことが何であるかははっきりしている。それは、彼女自身がそうであったような不幸な人をできるかぎり生み出さないことというよりは、むしろ不幸に陥って尊厳を失い、自他ともに「物」と見なされてしまうようになった人を、なお目の前に「人間」として留める方途はあるかという問題だった。(16)さらに、そのような人が不幸の渦中にありながらも「救われる」可能性があるとしたら、その救いはどのような形をもつかということを、彼女はまさに自分自身の問題として問い続けた。これほど困難な問題はおそらくほかにはない。その困難を少しでも具体的にイメージするために、試みに日本のある古い物語をとりあげてみよう。

小泉八雲（Patrick Lafcadio Hearn, 1850-1904）が収集した日本の怪談の中に、「策略（Diplomacy）」という題の有名な短篇がある。[17] ある愚かな男が罪を犯して、主人の手で打ち首になる。男は自分の人生を恨み、主人を恨んで、「死んでも必ず報いてやる」とわめく。主人はそれに「お前の怨念がそれほど深いのなら、首を刎ねられた後に目の前にある飛石に噛みついて、その恨みを私に見せてみるがいい」と答えた。主人の静かな言葉に挑発された男は「噛みついてやろうとも！」と叫び、次の瞬間、討たれて首だけになりながらも見事に飛石に噛みつく。見ていた者たちはあまりの凄まじさに恐れおののき、その後も長く男の亡霊の復讐に怯え続けた。不安がる家臣は、ついに主人へ「亡霊の供養を」と申し出る。ところが、主人は「それはまったく不要」と答えて、次のように言うのである。

彼奴《きやつ》の臨終《いまわ》の怨念はなるほど恐ろしいものであった。だが私が彼奴に怨みの徴《しるし》を見せてくれと言った時、彼奴はその挑発にのった。私は彼奴の気持を復讐からよそへそらしたのだ。彼奴は是が非でも飛石に噛みつこうと固く決心して死んだ。そしてその臨終《いまわ》の際《きわ》の思いを果たした。それ以外のことはもはや念頭に微塵《みじん》もなかった。念頭からすっかり消えていたのだ。

……それだからこの件に関してお前等がこれ以上くよくよ心配するには及ばない。(18)

そして、この物語は、主人の言ったとおり「まったく何事も起こらずじまいだった」という言葉で結ばれる。

ここに登場するのは、困難な状況にも臨機応変に対処できる立派な賢人と、目先のことしか見えない愚かな悪人という正反対の二人の人物である。読者は二人の「かけひき」における賢人の見事な機転に感動する。物語の中心はもちろんそこにある。敗者となった愚かな男は、その最期の怨念もろとも、読者のかすかな笑いを誘いながらどこかしら滑稽に消えていくのである。

だが、この愚かな男は決して「成仏」はしていない。彼はただ消えてしまった。もちろん、それは彼が自分で選んだ結果で、すべては彼の自業自得でしかない。しかし、その結果として、自身の恨みとともに彼はただすっかり、きれいさっぱりこの世から消えてしまう。そこには、自分は嵌められたという無念さえ残らない。その消え方は、まるでもともと存在しない人間だったかのようだ。いったい彼はどこへ行ったのだろうか。

ヴェイユの言う「不幸な人」には、おそらくこのような男も含まれる。盲目のメカニズムは義人や純朴な善人だけではなく、悪人や愚かな者も含めてあらゆる人間をランダムにとらえるからである。この男は首を刎ねられる瞬間、どうあっても逃れられない必然的な力の関係の中にいた。自分よりもはるかに強い賢人と、この場面で、このように出くわしてしまったことがまさに彼の運の尽きであった。この時メカニズムの力は賢人を通して私たちの前に姿を現し、愚かな男は物語の中でこの力が顕現するための狂言回しの装置としてのみ機能する。[19]だが、そうなったのは彼が文字どおり死力を尽くして選んだ結果であり、挙句の果てに彼は跡形もなく消えていく。すべてが滑稽なほど自業自得である彼の味方をする者など誰一人としていない。

この救いようのない「不幸」な男に「人権」や「人格」といった言葉で尊厳を認めて、彼を留めおこうとすることはどこか的外れである。私たちはそもそも彼が目に入らない。それは意図的に見ないのではない。見ようといくら目を凝らしても、彼がどこへ行ったのか、私たちには見えない。彼が本当に見てほしいと願う何かは、どうあっても私たちの目に入ってはこないのである。「不幸は声を持たない」とは、私たちの側からすると畢竟そういうことではないのか。[20]

考察はこうして最初に返る。「人間の世界」からただ消えていくこの男を目の前に留め、その存在しない声を聴こうとするヴェイユは、アランやアリストテレスにはない（と彼女が考えた）何をしようとしているのだろうか。この男が「救われる」とは、いったい何が起こることなのか。ヴェイユが論じる事柄の「原理的なとらえがたさ」は、「人間の生の〈ありえなさ〉」をめぐるこのような問いかけとして、私たちの前にいっそう深い謎となって姿を現している。(21)

終わりに

「〈私〉とはひとつの偶然である」という自覚はつねに驚きを伴っている。この驚きは、「なぜ私はこの私でなければならなかったのか」「なぜ私なのだ」という問いとも叫びともつきがたい声となって現れる。この声が何を意味するのか、それに応答するものがあるのかを少しずつ考えるうちに、次第にそれは本書で論じたような偶然性や自覚の問題へとつながっていった。そこで最後に、この声をめぐってこれまで考えてきたことと現在考えていることとを記して、結びに代えてみたい。

哲学者イマヌエル・カントはその道徳論や宗教論において、人間が自由であることの素晴らしさだけではなく、自由ゆえに生じる取り返しのつかない悲惨な悔やみにもまた触れている。とりわけ宗教論において、彼が「人間の本性における根源悪（das radikale Böse）[1]」という問題を論じる際に逡巡する「故意ではないが、故意である」という何とも言いようのない歯切れの悪さは、人が足を滑らせる悪の経験の複雑な様相を反映している[2]。

たとえば、日本語の「魔がさす」という言葉はこの経験の姿を端的に言い表すものだ。この言葉には奇妙な二重性がある。魔がさす瞬間に私を動かしていたのはまさしく「私」であり、私はみずから自由にそれをしたのだと言うよりほかはない。そこで行われたことの責任は、ほかの誰にでもなくやはりこの私にある。「自分がした」というこの自由がなければ、私たちは人を罪に問うこともないだろう。(3) しかし他方、そこには私の自由にならない何かが、つまり「魔」という言葉で呼ばれているものがある。それは光を当てて定かに見ようとすると消える闇のように、つかまえてはっきりと見定めることは決してできない。

人間の自由の経験は決して輝かしいものではなく、時にこうした取り返しのつかない悲惨な後悔という形で姿を現すものではないだろうか。ちょうど旧約聖書のアダムとイブの楽園追放が、人間の最初の「(神からの) 自由の経験」の象徴であるように。間違いなく自分がしたことでありながら、同時にこれが本当に自分がしたことなのかと我が目を疑う二重性が、「なぜこんなことをしてしまったのか」という激しい悔やみを私たちの中に生み出す。その後悔の瞬間とは、「こんなこと」をしてしまったのが紛れもなくこの私であることに驚く瞬間である。

しかし「私はこんなことをしてしまう人間だったのか」と自分に驚く、激しい後悔を伴う罪人の自己認識とも呼べるようなものを、冒頭で述べた「なぜ私はこの私でなければならなかったのか」「なぜ私なのだ」という声と結びつけることには違和感を覚える人が多いだろう。どれほど後悔を伴おうが、どれほど驚こうが、足を滑らせたのは結局自分であり、その後悔は自業自得の結果なのだ。その当人が「なぜ私なのだ」などと言うことは、自己弁護以外の何ものでもない。

むしろまったく逆に、この声は自業自得からもっとも遠い人、たとえば不慮の事故や災害に見舞われた、あるいは思いもよらぬ病気に襲われた罪なき人にこそふさわしいのではなかろうか。たとえば、自分のわずか三歳の息子が早老症（実年齢よりも早く老化が急速に進む、現代ではまだ不治の病）に侵された、ハロルド・S・クシュナーというユダヤ教のラビ（宗教的指導者）が書いた本がある。その邦題が『なぜ私だけが苦しむのか――現代のヨブ記』[4]とされているように、「なぜ私なのだ」という声が突然の不条理に直面した罪なき人、たとえば幼子やそれを見守る両親、あるいは旧約聖書のヨブのような義人のものであることはたしかである。

しかし、私には、これら性質のまったく異なる二つのタイプの人々――普通ならば決して混同してはならない罪人と義人――から生じるそれぞれの「なぜ私なのだ」という声は、それでもなおまったく同じ声だと感じられた。一方で、それは自業自得の罪人の汚辱の極みに生じる、つぶやくことも許されぬ声である。他方で、それは、自分は何も悪いことはしていないのに（少なくともこれほどの目に遭うようなことはした覚えがないのに）、なぜこのような苦しみを被らねばならないのかという、無垢な義人の叫びである。これら両極にいる人々の声がもし同じものであるとすれば、この声は両者のまったく異なる性質を超えた、通常人間が持つさまざまな個性や属性とは何の関わりもない地点から生じているのではないだろうか。それゆえ、この声は「人」を問わず、あらゆる者の内にあると言えるのではないか。

そのことを教えてくれたのは、本書でもくわしく取り上げたアルコール依存症の自助グループ（AA）の人々や田中美津だった。アルコール依存症者は、多くの場合（他人だけではなく当事者自身においても）自業自得で酒に溺れ人生から転落した落伍者として理解されている。田中美津もまた、幼時に被った事件において自分自身を「すんなり被害者の立場に立てない罪人」として理解せざるを得なかった。これらの人々、つまり自分を罪のない無垢な者と言うことができず、むしろ「この転落は自分のせいである」という気持ちを決してぬぐい切れずにいる人々もまた、本書で見たように「なぜ私なのだ」という声をもつ。

こうした人々から感じた「声」に、やがてシモーヌ・ヴェイユの「不幸」をめぐる思想が重なって、この声を考える際の哲学的な枠組を与えてくれた。この声は罪なき無垢な者だけではなく、自業自得で人生から転落したと謗られる者、どうしようもなく不条理な自責の念に苦しみ、そこから自分の運命を問い続ける者、そしていかなる同情の余地も見出せない極悪の者さえも含めて、あらゆる人の奥底に潜んでいる。そのように考えなければ、この声の本当の意味は理解できない。なぜならば、この声は私をこの私にしている、自分のもっとも深いところに口を開ける「偶然」に触れた人の驚きの叫びだからだ。その意味で、この声の真の持ち主は

〈私〉以前の私――まだ何者でもない、私が〈私〉を帯びる前の、「無名」の誰かだと言ってもよい。人が備えるさまざまな性質がすべて脱落して意味を失うような場所から、つまり人が「何者か」であることを根こそぎ奪われるような場所からこの声は聞こえる。ヴェイユが人間の不幸をめぐって展開する奥深い思想は、この声のそのような在りかを伝えている。

さて、この声をめぐる問題がこうして「私をこの私にしている、あらゆる人の奥底にある根源的偶然性」という形をとり、この偶然が人間を丸ごと翻弄する恐ろしいものであることがわかるにつれて、もうひとつの大きな問題が姿を現すことになった。それは一言で言えば次のような問いである――このような恐ろしい「偶然」は、もし消せるならば消すべきものなのだろうか。

ヴェイユが「不幸」について論じる際に繰り返し強調するように、この偶然は人を選ばない（というよりも、人を選ばないからこそ偶然である）。私たちのあらゆる努力、築き上げた人格、培った個性、生きてきた軌跡――そうしたものとはまったく無関係に、ランダムに誰かが選ばれ、その人の限界を超えて不幸へと突き落とされる。そのような選び方をされた人にとって、先ほど述べたとおり「自分が何者であるか」ということにはもう何の意味もない。これほど恐ろしいことがほかにあるだろうか。「なぜ私なのだ」という声が生じるのは、まさにこの時である。それはあらゆるものを剥ぎ取られた、裸の、もはや何者でもない人間の声だ。そのようなところへ堕ちたい者などいるはずがない。だとしたら、このような「偶然」は消せるものなら消した方が誰にとってもよいように思える。

私たちがもつこの願いは、マイケル・サンデルが生命操作について指摘しているように、いまとりわけ科学技術の領域で具体的な形をとり始めている。大切でかけがえのない自分自身の存在に底知れぬ揺らぎと不安をもたらすこの偶然を人間の根幹からすっかり消し去り、曖昧も不安定もない透明な「必然」へと置き換える――これまでありえなかったそのような可能性が、遺伝子操作という新しい技術によって見えてきつつある。具体的に言うならば、それは病気や障害を人が思うままに制御できるようになるということだろう。科学はその可能性を私たちに垣間見せる。もちろん、実際にそこに至るまでには無数の実践的・技術的障壁を乗り越えねばならない。とはいえ、もし結果として私たちが病気や障害を完全に制御する力を得て恐ろしい偶然を消せるなら、いま事実苦しんでいる人々にとってこれほど望ましいことはないのではないか。

「偶然」を消していこうとするこの傾向に反論するのは容易ではない。だが、たとえばサンデルはこの問題について、遺伝子操作を用いた人間の「自己改良」によって生の被贈与性（偶然性）が失われると「責任の爆発的増殖」が生じると指摘している。[5] ここでサンデルが問題視しているのは遺伝子操作という技術そのものではなく、そうした操作の原動力となっている人間の暗い衝動、すなわち制御できない「与えられたもの」が自分自身の基底であることへの人間の憤怒だった。この憤怒はあらゆる事柄へのコントロール欲求となって現れ、自分に対してのみならず他者へも向けられる。すなわち、一方では他者をコントロールしたい（のにできない）というストレートな怒りとなり、他方では他者もまた自分をきっちりコントロールすべきである（のにしていない）という捻じれた怒りとなって現れるのである。前者がたとえば子どもへの度を越した教育や虐待、ドメスティック・バイオレンスのような形をとるとすれば、後者はサンデルが懸念する自己責任論の蔓延につながっていることは見やすいだろう。

この偶然は、たしかに恐ろしく残酷な脅威である。それは私たちを翻弄し、人間の人生に対するコントロールを一瞬にして壊滅させる。しかし、同時にこの偶然は私たちが今ここに生きているもっとも深い不思議の源であり、生の途方もない豊穣と魅力を人間にもたらすものでもある。私たちの存在そのものの底知れぬ深さを構成するこのような偶然を、あってはならないもの、ないものとして居直ることによって、いま私たちの世界はとても浅く閉塞したものになってしまいつつあるのではないか――科学技術の問題と関わらせて本書で扱ったサンデルやヴェイユと同様に、私もまたそのような危惧を持つ。自分を縛るこの深い土壌を消し、人間がすべてを自分の制御下に置けると思い始める時、あらゆることは「想定内」になる。そうなった時、私たちは自分に起こることを本当に悲しんだり喜んだりすることはもうできないだろう。もっと正確に言うなら、あらゆる出来事は「起こること」という側面を(少なくとも表向きは)失い、「人が自分で引き起こすこと」に変容する。そのとき私たちは幸福になるどころか、むしろやり場のない、どこまでも閉じた怒りのようなものを暗く内に溜めることになるのではないだろうか。

私たちはいま、こうした世界のただ中にいる。「誰の責任なのか」「権利はあるのか」「権利を要求できるだけのことを自分は/お前はしているのか」「社会の役に立っているのか、それともお荷物なのか」とつねに自他をチェックし、互いの上下を争い続ける。出来事はいま述べたように「起こること」ではなく「起こすこと」になり、私たちはそれを「起こした」人に過剰な称賛や非難を加える。そうして、息が詰まるようなどこか浅い世界の中で、一挙手一投足に異様に神経を使いながら生きる。

このような閉塞状況は、私たちの恐れと怒りによって「ないもの」とされ、奥へ奥へと押し込められ覆い隠された「偶然」の暗い反作用ではないだろうか。延々と続く権利争いとなって現れているのは、本当はあの「なぜ私なのだ」という奥底の声なのではないか。たとえば、ヴェイユは「権利」という語をめぐって次のように述べている——「腹の底から湧き出る叫びでなければならないものが、「権利」という語を使ってしまうことによって、純粋さも効力も失い、権利を要求する甲高いわめき声にされてしまう」[6](OCV-1 224/EL 27)。ここで彼女が見ているのは、偶然性に対する深い感受性が失われた世界で生じる「権利」同士の激しい対立であり、その対立がじつは「なぜ私なのだ」という叫びの歪んだ成れの果てにほかならないということである。

だが、たとえそうだとしても、ではいったいどうすればよいのか。とらえようのないこの偶然、それに触れてしまった人の「なぜ私なのだ」という声に、私たちはどうすれば関わることができるのか。この「なぜ」に答えはない。この声は、たとえ聞こえてもどうしてやりようもない、その人に固有の――ヴェイユの科学論での言い方を借りるなら「その人とまさしく同じ大きさの苦しみ」にほかならないからだ。そこにはどれほど触れて慰めたくとも、触れることができない/触れてはならない何かがある。

だが、それに触れないということは、この声を最初からなかったことにして忘れるということではなかったはずだ。それゆえ、この声を受け取った人々はこれまでこの声に「祈り」によって応じてきた。この声に答えられないことをわかったうえで、どうすることもできないままそこにじっと留まり、祈る。それは何の役にも立たない、まったく甲斐のない祈りだ。だが、この声に応答するものがもしあるとすれば、それは饒舌で便利な「言葉」ではなく、黙って目を閉じたあてどもない「祈り」よりほかにないのではないか。

たとえば、第四章で引用した小泉八雲に「停車場にて」という短い随筆がある。彼はそこで自分が見たある出来事を書いている。それは、一人の殺人犯が死刑のために護送されて降りた停車場での光景である。そこに集まった群衆の中には、その男が殺した巡査の妻と、当時まだ妻のお腹にいた幼い子どもとがいた。護送の警官は子どもに、この男がお前の父親を殺したのだと告げて、「ようくごらん、ぼうや！　こわがらないで。いやだろうが、これもぼうやの務めだ」と言う。泣きながら自分の顔をじっと見つめる幼い子どもと対峙するうちに、男は突然くず折れ、地面に顔をこすりつけて「ごめんなさい！　ごめんなさい！」と叫び始めた。本当に悪いことをした、これから死ぬ自分を赦してほしいとひたすら詫びる男を、集まった群衆はじっと見ていた。やがて引き起こされ曳かれていくこの死刑囚に、人々は無言のまま左右に分かれて道を開いたという。そして「まったく突然、群衆ぜんたいがすすり泣きはじめた」と小泉八雲は記している。(7)

この話はどうとでも取りようがある。お涙頂戴のちょっといい話と取る人もいれば、失われた過去の「美しい日本」への郷愁を感じる人もいるだろう。私はこの出来事の中に、人間を翻弄する偶然性への深い感受と、この感受から生じる「祈り」を見る（そしてそのかぎりではこれがどの国で起こったかは本質的な問題ではない）。さまざまな運命が交わって、誰もが自分ではどうすることもできない場所に置かれることがある。もちろん、そこで起こったことの責任は間違いなくその人が負うべきものだ。この男は死刑に処されねばならない。それでもなお、この男が自分が何をしたかを自覚し、その取り返しのつかなさに本当に苦しみ、与えられる死を受け入れるならば、その死は罵倒されて終わる犯罪者の単なる自己責任の結末ではない。そのとき彼の自覚と死は、被害者のあまりにも残酷な無念と同様に、人々の「祈り」の対象となるのだ。(8)

しかし、今日、多くの人は(私も含めて)もう祈ることができない。私たちはもう、これほど甲斐のないものに耐えることができない。何もできないことにじっと耐えられるほど、辛抱強くない。それゆえ、私たちは「できること」で——正確に言えば「できること」だけで——「なぜ私なのだ」という声に答えようとし、それでよいのだと図太く居直る。たとえば、被害を被った人には手厚い補償をすればよい。加害者は死刑にして責任を取らせればよい。「なぜ私なのか。そう問う「声」があることは、はい、たしかにわかります。誰だって好きで自分になったわけじゃないですからね。ですが、それを言うならみんなそうでしょう? そんなことに文句を言ってどうするんですか。答えのない問いに延々と留まり続けることに何の意味があるんですか。そもそも何が「できる」んですか」——そうどこか面倒くさそうに言って扉を閉ざす。

私たちがしがみついているこの怠惰な「できる」とは何か。それと奇妙に一体になった苛立ちを見据えて、しかしもう一度「祈る」ためにはどうしたらよいのか。そもそもこの祈りとはいったい何だったのか。こうした問いにもまた、おそらく誰にも共通の簡単な答えなどないだろう。だが、私は「できる」とはちがうことを少ししてみたい。答えのない、一歩も進まぬ問いにとらえられ、そこに深く留まること——少なくともそれが自分の仕事であってほしいと願って、ここで本書を終わりとしたい。

あとがき

哲学が役に立つとは、私はあまり思ったことがない。こう言うと何だか役に立たないものの方が偉そうだが、そういう意味ではない。私にとっての哲学とは、結果的に何かの役に立つことがあったとしても、それ自体としてはそもそも役に立つ／立たないということとはまったく無縁な営みである。それはとことん身勝手な好奇心で、なりふり構わず「本当のことを知りたい」と願う――そのようなものがあるかどうかということまで含めて知りたいと願う――そういうひとつの願望である。だが、そのわがままな願望の先には、これまた予感のようなものとしていつも「他人」があった。それは、「自分ではない誰かがそこにいること」が「本当のこと」であってほしいという、願望を導くもうひとつの不思議な願望である。

こうした願いが生きているうちにほんの少しでも叶うことがあったら、私は嬉しい。本書で考えたことは、それに近づく一歩になっているだろうか。

本を出すということを、じつはこれまで考えたことがなかった。自分なりに進む方向は少し見えつつあったけれども、とても遅筆でどこか独り言のような自分の論文が一冊の本になるか

ほど哲学の知に関して、「根本的過ぎて、どこかしら言っても詮無い」と述べたが、その詮無さはこのような瞬間に典型的に現れるのである。この問題については「終わりに」でも少し触れた。

（4）「無知のヴェール」については Rawls, 1971, pp. 136ff. を参照。

（5）最首は「公」に対する「私」という意味で「私（プライバシー）」という言葉を用いている（最首、一九九八、三二〇―三二一頁）。

（6）ハンセン病と生涯深いつながりを持った精神科医の神谷美恵子（一九一四―一九七九）が「らいの人に」という詩の中で「なぜ私たちでなくてあなたが？」（神谷、二〇〇四、一三九頁）と書いた時、そこにあったのはこのような自覚ではないだろうか。

（7）だが、もちろんこの「偶然」はただ単に恐ろしいだけではなく、先に述べたように私たちの真の「喜び」の源にもなっている。田中美津という人間の魅力は、この偶然に触れつつもそこから目を背けない誠実さと、むしろこれを味わい尽くそうとする欲深いと言えるほどの胆力にあるように思う。

第二章第一節

（1）田中は一九七二年に田畑書店から出版された最初の著書『いのちの女たちへ――とり乱しウーマン・リブ論』を後に振り返り、「あの時伝えたかったのは〝私の真実〟ではなく〝私という真実〟だった」（三二八頁）と語っている。この言い方は、「とり乱す私」を自分にとってただひとつのリアリティ（真実）ととらえる田中のスタンスを非常によく示している。本節で見ていくように、田中にとって自分が所有する「真実」などなく、偶然に翻弄される「私」の生き難い現在そのものがそのまま「真実」である。その姿勢は、元リブ新宿センターメンバーの座談会（一九九六年）に出席しなかった理由を「他のメンバーたちはいい。自分の「真実」を話す機会だもの。でも私は抜けることで、私自身を語りたい」（田中、二〇〇五、七二頁、強調は引用者による）と述べた際にも一貫している。

なお、本節で（ ）内に頁数だけを示す引用はすべて一九九二年に河出書房出版から再出版された『いのちの女たちへ――とり乱しウーマン・リブ論』（河出文庫）からのものであり、引用文中の［ ］は引用者による補足である。

（2）田中と永田の、あるいはリブと新左翼の関係については、ジェンダー論や社会学など、さまざまな角度からの考察がある。
大塚英志は『「彼女たち」の連合赤軍』でジェンダーと連合赤軍事件の関係を論じている（大塚、二〇〇一）。また、彼は鍼灸師となった田中の「東洋医学への回帰」に、出産本を執筆する少女まんが家たちが神秘主義的身体論に走り、「私」という主体を持ちながらもそれを「宇宙にあっさりと委ね」てしまう状況と同質のものを見ている（大塚、二〇〇七、一四一―一五二頁）。

上野千鶴子は、二〇〇九年に行われた田中との二度目の対談で、「一番気になっているのは、新左翼とリブの分岐は何だったんだろうかということ」と言い、これに焦点を絞って田中から発言を引き出そうとしている（田中、二〇〇九、二九〇頁）。

北田暁大は、田中と永田がともに、上野が言うところの「女性革命兵士という問題系」に、つまり女と対抗暴力をめぐる問題に自覚的に直面している点に注目する。その上で田中の永田に対する見解を読み解き、「永田は自己肯定のために、つまり［男のための価値ある］殉死を拒絶するために、「自己肯定なき自己否定」＝総括を徹底させ、「男なみの女」を越えるゾンビ的な死せる身体の獲得を目指した」と結論する（北田、二〇〇九、一六三頁）。
（3）大江、一九八一、一八四頁を参照。
（4）他人の問題にリアルな関心を持つために、その他人と同じ「実感」は必要ではないということを、じつは上野も知っている。たとえば、同じ対談内で上野は、母と同じ体験を味わわなくても「母の生き方と私が地続きだってことはイヤでもわかる」として、次のように言う――「たとえば、主婦的実感なんて、私の生活には全然ありませんよ。全部避けて通ってるけれども、でも主婦的経験と自分がやっぱりつながってるの、私わかるんだもの」（上野・田中、一九八七、八〇頁）。ちなみに、上野のこの「地続き」という言い方を、田中もまた「ベトナム戦災孤児はあたし」という直観を語る際に使っている（田中、二〇〇九、二八二頁）。
（5）田中の言う「出会い」が具体的な体験内容に依存しないということは、体験内容が似ていることに基づく共感があることを否定するものではもちろんない。一緒に牡蠣を食べて腹痛を起こした者同士が「本当に、食中毒って苦しいいね。あの痛さは経験してみないとわからないよ」と言いあうことに、何の不思議があるだろうか。しかし、ここでは「永田洋子はあたしだ」という言葉に現れる出会いがこのような通常の共感に基づくタイプのものではないことを確認して、論を先に進める。

（6）世界を丸ごと相対化するこのような可能性については、次節の5でも「この世界ではない別の世界の可能性」という問題として触れる。

（7）「私が田中美津である」という自覚（痛み）は「私」にとって絶対的なものだが、他方そこにある「田中美津」という体験内容を他人と比較することは時にはできる。つまり、各人が各人のいのちの偶然性において具体的に体験している事柄は、互いに比較することができる。たとえば、田中はリブ運動の直前、運動のための経済的配慮からホステスのアルバイトをしているが、そのとき彼女は、ホステスという仕事を「試み」に選ぶことができる中産階級の女である自分とほかのホステスたちの間に、経てきた具体的な体験の軽重があることを明らかに感じている（七四―七五頁）。だが、同時に彼女は次のようにも言う。

中産階級に生れ、生きもせず死にもせずの、生をまさぐってきた女が、いまやっと生殺しにされていく「痛み」を「痛い」と感じて、リブに出会ったのだ。他のホステスが、個人史の必然として、そこにその身を置くのなら、あたしはあたしで、中産階級のその個人史の必然として、リブに出会ったハズなのだ。むろんホステスをするに至る必然と、リブをするに至る必然を、同じ位置において語ることはできない。しかし、もしあたしがホステスという職業を選択しえたという、そのことだけをもってあたしと、その、選択もへったくれもなくホステスをやっている女たちを較べ、論じて、あたしの生きざまの軽さを否定することは、己れ自身に許せない。あたしの個人史が、ホステスを選択しえるものであった、つまり、あたしが中産階級に生れたということは偶然としか言いようのないことであって、だから、あたしのホステスぶり、そのとり乱しの按配《あんばい》を、その偶然をもって否定したならば、己れ自身の存在そのものを否定することになる。（七六頁）

それぞれが負う経歴や体験には明らかに個人差があり、そこには残酷な軽重さえある。しかしその体験が落ちてきたのがたまたま「私」であるという深い偶然は、それを自覚した者にとって比較を超える絶対的なものだ。この偶然から目を背けて自分の生を軽んじ否定することは「己れ自身の存在そのものを否定すること」であり、自分をやめることに等しい。そんなことができるかのようにふるまうことには、「どこかウソッパチ臭さ」（七五頁）

がある。本節ではとりあげなかったが、田中のこの鋭い直観は、学生運動や反戦運動の中で掲げられた「加害者の論理」（自己否定の論理）に対して彼女が「うさん臭さ」（二三七頁）を感じる時にもまた働いている。

（8）ここで語られていることは、状況は異なるが、アルコール依存症者の自助グループであるアルコホーリクス・アノニマス（AA）などで用いられる次の「平安の祈り」を思い出させる――「神さま私にお与えください／変えられないものを受け入れる落ち着きを／変えられるものを変える勇気を／そしてその二つを見分ける賢さを」（斎藤、一九九五、六二頁）。

AAにおいてもまた、依存症者が自分の決して変えられない「現在」を自覚すること、すなわち「私はただの一人のアル中だ」という酒に対する完全な無力を自覚することが、将来を変える再生の出発点となる。AAにおける自覚の問題については第三章を参照。

第二章第二節

（1）本節で（　）内に頁数だけを示す引用はすべて Sandel 2009 からの引用である。引用に際しては邦訳書を参考にしつつ、基本的に引用者自身の訳を用いた。引用文中の［　］は引用者による補足である。なお、本節でしばしば用いる nature に関連する英語（in nature/by nature/naturally 等）は、頁数を付記していない場合、サンデルの著書から直接に取ったものではなく、サンデルの主張を敷衍しつつ筆者が用いたものである。

（2）伊吹・児玉、二〇〇七、五二頁。

（3）リー・M・シルヴァーは、遺伝子操作を繰り返すジーンリッチ（gene rich）とそうでないナチュラル（natural）との間に将来起こるであろう社会的・経済的格差や「種の分離」を描いている（シルヴァー、一九九八、九一―一八頁）。ただし、「公平性」をめぐるエンハンスメント批判の致命的欠陥として、サンデルはもうひとつ次の点を挙げる。「公平性の観点からすると、エンハンスメントによる遺伝的差異の方が生まれつきの（natural: 自然の）遺伝的差異よりも悪いということはまったくない」（12-13）。ここには後に論じる、自然が与える根源的な不平等の問題が示唆されている。

（4）エンハンスメントが「義務となる」という点について、「リベラル優生学は、当初の見かけとは違う国家による強制の意味合いを多分に含むことになる」（78）とサンデルは指摘している。

（5）サンデルは、人間に火（技術）を与えたという古代ギリシャ神話のプロメテウスの名を借りて、文明や技術を発展させて自然を作り直し、人間の目的に役立て、人間の欲求を満足させようとする計画や強い願望、野心に「プロメテウス的（Promethean）」という形容詞を用いる。

（6）このまとめには、神学者ウィリアム・F・メイの「招かれざるものに対して開かれてあること（openness to the unbidden）」（45）を含めている。これはサンデル自身の言葉ではないが、彼は明らかにこれを自説と重ねて論じている。

（7）「自然の運（natural fortune）」についてはRawls, 1971, p. 18, 73を参照。サンデルは「成功者の繁栄を可能にした自然な生まれつきの才能（natural talents）は、彼らが自分で作り上げたものではなく、むしろ、彼らの幸運——遺伝的な運である」（91）という箇所に、ロールズの『正義論』に対する註をつけている。

（8）ニーチェが『道徳の系譜』の「第一論文」で論じるgut-böseへと価値転倒される前のgut-schlechtはこの「優−劣」の感覚に近いと思われる。ニーチェ、一九九三、三七五—四一九頁を参照。

（9）「自然の道徳的地位」をめぐるこうした批判については、たとえばRachels, 2012, pp. 54-58を参照。

（10）スポーツ選手のnatural gifts, natural talentsについては『反論』の第二章（25-44）、とりわけ27-29, 44で論じられている。

（11）ただし、サンデルは「与えられたものをすべて受け入れよ」と言っているのではない。彼は「謙虚」を軸としつつも、ここで触れたように、人間の自由の一部は「与えられたものとの粘り強い交渉にその本質をもつ」（83）と述べる。与えられたものを都合よく一方的に改変するのではないこの「粘り強い交渉」こそが公共哲学者／政治哲学者である彼の本領であって、たとえば『反論』の最後にある「エピローグ　胚の倫理——幹細胞論争」はその交渉の格好の具体例となっている。時代や社会の具体的文脈に照らしたその柔軟で綿密な議論を抜きにしては、彼の主張を完全に誤解することになるだろう。しかし、本節ではその議論にまで踏み込んでサンデルにおける「自然」の問題を考察することはできなかった。

（12）ここで引用した「絶対に違う」とは、脳性麻痺をもつ横塚晃一の以下のような言葉である。「よく障害者も同じ人間なのだという言葉を聞く。[…]いや、絶対に違うのだ[…]。／健全者といわれる人達と我々脳性マヒとは明らかに肉体的に違いがある。つまり私のもっている人間観、社会観、世界観ひいては私の見る風景までも、

他の人達特に健全者といわれる人達とは全然別なのではあるまいか」（横塚、二〇〇七、五八頁）

（13） この世界の根本的性質に沿う能力が「充溢」で「優れている」のだとすると、たとえば「絶対音感」をもつ人の実生活での「不便」などはどうなるのかという問題が出てくるだろう。だが、どれほど不便であろうとも、またどれほどその人たちの数が少なかろうとも、絶対音感をもつ人の聴覚が「優れた聴覚」であることに変わりはない。「あの音とこの音は一ヘルツ違う」というその聞き分けはやはり「優れた」ものであり、「私たち（絶対音感をもたない者）には聞こえないのだから、その聞き分けは間違いだ」とはならない。また、たしかに私たちの現実の社会は絶対音感ではなく平均的な聴覚を軸に、つまり「ほどほどに聴こえる」ところを目安に構築されてはいる。だが、それはやはりあくまでも「聴こえる」ことを基準にしているのであって、人間のデフォルトは「聴こえること」の方にある。そうなってしまうのは、この世界に音があり、そこに私たちが聴覚という感覚器官をもつ生物として存在し、その感覚器官が退化することなく今も働いているという事実があるからである。

（14） 障害の問題にはつねにこのような価値の傾きを含む「自然」がつきまとう。それは、たとえば横塚に「差別意識というようななまやさしいもので片付けられない何か」（横塚、二〇〇七、八〇頁）、「人間の差別意識というものは動物的・本能的なもの」（横塚、二〇〇七、一四七頁）、「障害者差別の根元は生物の本能的なものに根ざしており、それに取り組むことが全人類に課せられた課題である」（横塚、二〇〇七、二四六頁）と言わしめた何かである。

ただし、近代以降の生産性を重視する能力主義の社会では、本節でとりあげた「世界の根本的な nature に沿った能力が〈優れている〉」という必然的な価値の傾きが、従来にはなかったほど異様な高まりを見せている。「どのような社会を作るか」という視点を自覚的に持つことにより、人間はこの価値の傾きを意識的に利用し、この傾きに歪んだ拍車をかけている。ここには近現代特有の問題があるが、それについてはここでは触れなかった。本節では、価値の傾きはもともとそれがないところに人間が自前で創出したものではなく、本来それが「生物の本能的なものに根ざ」すような仕方ですでに存在しているという点に着目して、そこから、この nature の覆いの向こうに現れる他者に触れる可能性を論じることを目的とした。

（15） これは、「障害の社会モデル」においてさえ事実上そうだろう。障害を個人の機能の欠損の問題へ還元する「障害の医療モデル」を批判し、障害とは欠損をもつ人を「できない」位置に置き去りにする社会的障壁の問題にほかならないとする「障害の社会モデル」が登場して久しい。社会モデルにおいては、もちろん「引かれたもの」は障害者の側にある欠損ではなく、社会の側が作る障壁として理解される。しかし、その障壁を社会がどのように取り払うにせよ、あるいはそのバリアフリー化の本質を「洗練された同化政策」(杉野、一九九七、二七一頁、および石川、二〇〇二、四〇頁を参照)として警戒するにせよ、デフォルトはつねに「聴こえること」であって、その逆の形で社会を構築することはこの世界ではありえないように思える。そこに、障害の問題を考えるうえでの難問があるように私は感じる。なお、障害の医療モデル/社会モデルについては、石川・長瀬(一九九九)および石川・倉本(二〇〇二)から多くを学んだ。

(16) 石川、二〇〇二、四〇頁。

(17) 長瀬、一九九九、二五―二六頁。

(18) 今あるこの世界の性質(nature)は事実であり、これを変えることはできない。しかし、私たちは「こうではなかった可能性」に身体を通じてのみ触れることがある。障害における身体の物理的な欠損、すなわち「インペアメント(impairment)」の問題の鍵はここにあるのではないか。たとえば、以下の立岩真也の指摘も、この変えられない事実と、しかしなおその事実を超え出る障害者の身体の問題に触れたものだと私は考える。「健常に価値を与えてしまうことを事実として認めつつ、しかしそれは、名前のないしかし具体的な存在・身体・生存を凌駕することはないと言う」(横塚、二〇〇七所収の立岩真也による解説、四五五頁)

第三章第一節

(1) 香山、一九九九、一八五―一九〇頁。

(2) このようなあり方は、依存症者だけではなく、重い障害と共に生きる人間の自分の障害に対するとらえ方の中に時に見てとることができる。たとえば、幼い頃の病で四肢切断という障害を負い、見世物小屋の芸人となって生きた中村久子は、「病める者のみに与えられたる幸福」(中村、一九七一、一七〇頁)、「病いは、恩師なり」(中村、一九七一、二七一頁)、「ほんとうの善智識は、先生たちではなく、それは私の体、「手足が無いことが善智識」だったのです」(中村、一九七一、一九二頁)と述べる一方で、また激烈に次のようにも語る――「あきらめよと言われて、手足の無い自分をすなおに、ハイ、そうですか、とあきらめ切れるものか切れないものか、まずおさらい方々から手足を切って体験を味わって頂いたら――と私は思います。その悲しみと苦しみはどれほどのものか――。六十年を手足無くして過ごした私ですが、決してあきらめ切っているのではございません」（中村、一九七一、一九九頁）。自分の障害に対する一見まったく相反するこの二つの心情は、「お念仏によってどうにもならぬ〝自分〟をみせて頂く」（中村、一九七一、一九九頁）という自分を超える一点が彼女の奥底に存在することにより、彼女の中でいずれにも解消されることなく、矛盾なく保たれている。そして「お念仏」という自分を超える大きな力もまた、この両極の心情がいずれにも解消されないからこそ、つねに生きたものとして働き続けていると言えるように思う。

（3）ビルの本名はWilliam Griffith Wilson（1895-1971）、ボブはRobert Holbrook Smith（1879-1950）だが、AAでは親しみを込めて（またAAの伝統である無名性に従って）、彼らを「ビル」（あるいは「ビル・W」）、「ボブ」（あるいは「ドクター・ボブ」）と呼ぶ。本節と次節ではこの通称で両者を表記する。

（4）https://www.aa.org/assets/en_US/smf-53_en.pdf　二〇二一年三月確認。

（5）本節で（　）内に頁数だけを示した引用はすべてBateson 2000からのものである。引用に際しては邦訳書を参考にしつつ、必要な部分は引用者自身が訳した。引用中の［　］は引用者による補足である。AA文献の略号は巻末の「アルコホーリクス・アノニマスに関する主な引用文献と略号」を参照。

（6）野崎、二〇〇〇、五六頁。

（7）事情は摂食障害でも同じだろう。一六年間にわたる過食嘔吐を経験した女性は、強い意志によって実行される「吐かない食事」を、自分の食事に対する完璧なコントロールとして語っている（冨田、一九九七、四九―五〇頁）。精神科医の崎尾英子も、患者が食への欲求をコントロールすることによって、本節の2で見るような「私にはできる！」という確認をし続けているという指摘をしている（崎尾、一九九七、三二頁）。

（8）アルコール依存症者が別の生き方に開かれない限り、たとえアルコール依存症からは脱出したとしても、繰り返し別の依存症に陥ることになる（cf. Orbach, 1993, pp. 127-128）。解決すべき問題は飲酒行動そのものではなく、後述するように、飲酒行動によって彼らが訂正しようとしている素面の時の生き方にある。

（9）アルコール依存症者の酒の飲み方が普通の飲酒とはまったく異なっていることに関しては、『ビッグブック』の最初の三章で繰り返し語られている。また、医師の高木敏によれば、国立久里浜病院に入院したアルコール依存症者の二一%が退院後五年以内に死亡しており、死亡平均年齢は五一歳である（高木、二〇〇〇、二六頁）。

（10）野口、一九九六、二五―二六頁。なお、同書からは「意志の病」というスティグマを押されるアルコール依存症の問題について多くを教えられた。

（11）「**自分なりに理解した**」という部分は『ビッグブック』の原文ではイタリック体であり、邦訳書でも太字で強調されているが、以下では読みやすさを考えて、基本的に強調をとって「自分なりに理解した」と表記した。

（12）ここには依存症の当事者を取り巻く人々のいわゆる「共依存（co-dependency）」と呼ばれる問題や、依存症者に対する「直言（confrontation）」などの非常に重要な契機が含まれているが、本節ではそれには触れなかった。くわしくは斎藤、一九九五を参照。なお、同書からはさまざまな依存症の問題やＡＡの歴史と機能、ベイトソンの論述の意味などについて多くを教えられた。

（13）この段落にあるユングとＡＡとの関係についてはPass 113-115, 382-384を参照。ローランド・Ｈの本名はRowland Hazard III（1881-1945）、エビィ・ＴはEbby Thacher（1896-1966）だが、ここではＡＡで彼らが語られる際の通称を用いて表記した。

（14）「アルコールは人を選ばない（Alcohol being no respecter of persons）」はおそらく欽定訳聖書（King James Version）の使徒列伝一〇・三四にあるGod is no respecter of personsを踏まえており、アルコールと神とがパラレルになっていて興味深い。

（15）斎藤、一九九五、一二―一三頁を参照。

（16）ビルとエビィの出会いについては、次節でもくわしくとりあげる。

（17）自分の苦しみを用いて他人とは違う特別な自分になれる、というあり方については、たとえばビルが断酒直後にとった「説教（preaching）」という行動（AACA 70, Pass 132f.）などがそれであると言えるだろう。この行動によってビルは再飲酒の危機に陥る。そこにはまだ「ナンバーワンになりたい」という願望が隠れていたと、後日彼は振り返っている（AACA 65）。このとき彼を救ったもうひとつの奇跡（ただし、それは最初の霊的経験の中にすでに与えられていたものの再自覚だったのだが）については次節で論じる。

第三章第二節

（1）野口、一九九六、七六頁。

（2）この言葉は『ビッグブック』の原文ではイタリック体であり邦訳書でも太字で強調されているが、以下では読みやすさを考えて、基本的に強調をとって「彼は私の言葉を語った」と表記する。

（3）ここにある「**自分なりに理解した神**」という文言の意味については、前節でくわしく論じた。

（4）「アノニミティ（無名性）」は、先の「十二のステップ」の中にあった「自己の無力」と思想的に結びつきながらAAが生み出した最高の知恵の一つである。AAがグループとして生き残っていくために生み出されたこれらの知恵は、「十二の伝統」（AA 562-566）の中に凝縮されている。

（5）I can が含む問題については、前節を参照。

（6）異なるレベルから発せられる二つの矛盾するメッセージの問題については、ベイトソンがダブルバインドの概念によって示唆に富んだ分析をしている（Bateson, 2000, pp. 206-208）。

（7）自分の行動の中に「飲まないでいる」ための秘密がすでに含まれていたというビルの気づきは、解決志向型（Solution Focused Approach）のカウンセリング手法で言われる「すでにある解決の例」と同じであり興味深い。「すでにある解決」の例については、ミラー、バーグ、二〇〇〇、八八―一一四頁。バーグ、ミラー、一九九五、一四二―一四五頁。

（8）「利己的」態度は、ボブの断酒の後にビルとボブが新しいアルコール依存症者（彼はAAの第三のメンバーとなる）へ向かって次のように切り出した言葉にも現れている――「君は酒を止めたいかい？　君の飲酒は私たちがとやかく言う筋合いのことじゃないし、私たちが今日ここに来たのは、君から飲む権利を奪うためじゃない。私たちはあるプログラムを持っていて、そのおかげで自分が飲まずにいられると考えているんだ。このプログラムの中にはプログラムそのものを誰かに伝えることが含まれていて、その誰かとはプログラムを必要として望む人だ。だから、君がこのプログラムを必要じゃないなら時間を奪ったりはしない。失礼して他の誰かをあたることにするから」（AA 186）。また、カーツは、ニューヨークのAAで新メンバーが親愛の情を込めて「カモ（pigeon）」と呼ばれていたことを指摘している（Kurtz, 1979, p. 39）。

AAの文書には、「ほかの依存症者と徹底的に関わっていくことほど、再飲酒を防ぐ保障になるものはない」（AA

89)、「いつも人のことを思い、必要に応じてどう手助けするかを考え続けることに、私たちの生命そのものがかかっている」(AA 20) など、サービスの中核にあるこの態度を示す言い方が数多くみられる。

(9) 一九六六年の手紙で、ビルは「AAは利己的なプログラムだ」というメンバーの言葉を引き、それは「正しい、しかも必要な利己心」だと説明している(AA日本出版局訳編『ビルはこう思う』AA日本ゼネラルサービスオフィス、二〇〇三年、八一頁)。ボブも、OGの原理である「絶対的な愛」の難しさを取り上げて、「仲間を愛するか助けようとするかしなければ、私はまた飲んでしまう。このように迫られた時、ようやく私はある程度他人を愛することができるようになった。[…] これを利己的だと言うなら、それはまったくその通りだろう」(LAST) と述べた。これらの文言からも、「ビルが伝え、ドクター・ボブが見過ごさなかったこのサービスという考え方」(BOB 70) が利己的側面を持つことに、彼ら自身が自覚的だったことがよくわかる。

(10) 「飲まないで生きるということは、私にとって「ただ飲まない」ということではありません」と、ある依存症者は語っている(「ニューズレター滋賀」AA滋賀二〇二〇年春四二号、AA滋賀 専門家協力委員会発行、一〇頁 https://drive.google.com/file/d/1HUvIUogL7ZsYMlg-hKHmy8POld14sddb/view 二〇二一年三月閲覧)。

(11) OGはアルコール依存症者の回復と更生で知られ、ビルの回顧談からもOGに多くの依存症者が出入りして自由に話していたことがわかる。ボブが参加していたOGのミーティングにも、依存症者がいたことが示唆されている (AACA 60, BOB 55f.)。

(12) ビル自身は、自分がボブに与えた衝撃は医学的新事実(知識)とそれを共通の体験を持つ依存症者が伝えたこと(当事者性)に起因すると考えていた(AACA 13, 68ff.)。しかし、本節で示したように、ボブの言葉や置かれていた状況を正確に見直すと、この見解はあたらない。重要なのは伝えられた内容(what)ではなく、また厳密にはビルが当事者だったことでもなく、それがどのように(how)伝えられたかということである。ボブに変化をもたらしたのはこのhowにほかならない。

(13) 実際、『ビッグブック』にはこの時のボブについて、「自分はどこかおかしいと痛感しながらも、その男はアルコール依存症者とはどういうものなのかが十分にわかっていなかったのだ」(AA 155) と述べられている。

(14) もちろん、「事実」は場合によっては人間を絶望させ、死に至らしめることもある。事実を知れば必ず可能性が開けるというのは、きれいごとでしかない。したがって、事実といつどのような形で直面するか(confrontation)

という問題は、依存症からの回復にとって重要な意味を持つ。しかし、私たちが時に「真実」とも呼ぶ事実がもつ力は、このような残酷さや複雑さを含むと同時に、その人がかりそめにではなく本当に自分自身を生きるための唯一の突破口を開くように私には思える。

第四章第一節

(1) ヴェイユに準じて、本節では「ルネサンスが生み出して一九〇〇年ごろに消滅した」(142/125) 科学を古典科学、それ以降の科学を現代科学と呼ぶこととする。なお、本節で( )内にスラッシュ(/)を挟んで直接二つの頁数を示した引用はすべて、スラッシュの前がヴェイユの著作略号表の OCIV-1 の頁数、後が S (*Sur la Science*) の頁数である。

(2) 連続と非連続の問題は「科学とわれわれ」をはじめとして随所に述べられているが、たとえば 157ff./148ff. を参照。エントロピーについては 144ff./128ff. 他多数の言及がある。

(3) 佐藤、一九九八、四四―四六頁。

(4) 佐藤、二〇〇〇、三頁。他に参照した科学に関する文献は、並木一九九二、柳瀬一九八四、野家二〇〇四。

(5) この不可能は古典科学にとってやむを得ない事態であり、ヴェイユはこれを「反映させるべきだ」と主張するわけではない。むしろ逆に、古典科学は人間の欲求を一切反映しないがゆえに、この後に見るひとつの「真理」へたどり着くことができる。しかし、これもまた後述するように、そうして得られた「真理」は、さらに彼女の言う「対立するものの相関」の中へと正しく位置づけられる必要があったのだが、古典科学はこれに失敗した。

(6) ヴェイユが古典科学のモデルを「奴隷の労働」と言う場合、そこには次の三つの意味が複雑に重なっている。第一にモデルが熟練労働ではなく運搬などの単純労働であること、第二にモデルから欲求や意志という要素を削除しようとすること、第三にそもそもモデルの出発点が「欲求充足」であり「善の切望」ではないことの三点である。

(7) ラプラス、一九九七、一〇頁。

(8) もちろん、「善のイマージュ」は古典科学が示す部分的真理と並ぶもうひとつの「部分」、それが付け加われば完全な真理のパズルが完成するような何ものかとして必要とされているのではない。「善のイマージュ」によってヴェイユが考えようとしていた事柄については、科学論を超えるさらなる考察が必要である。
(9) 人間の側の観察・測定という働きかけが「あるがままの現象」をとらえる本質的な妨げになるというヴェイユの不確定性原理に対する理解に対して、その後の量子論はこの不確定性を「ミクロの世界に存在する「原理的・本質的な不確かさ」」(佐藤、二〇〇〇、一六七頁)とし、「あいまいさこそが自然の本質」(佐藤、二〇〇〇、一七五頁)と主張する。後述するように、この違いがヴェイユの現代科学に対する批判の起点である。
(10) ガリレイ、一九七三、三〇八頁。
(11) この神秘は彼女が高等師範学校卒業論文「デカルトにおける科学と知覚」で論じ、その一〇年以上後にも再び言及する以下のような「想像力」に関わっている。たとえばヴェイユは次のように言う。「どれほど奇妙であろうとも、物理学者は天秤竿を見て、それが直線でないということは知っていても、その光景によってやはり直線をイマージュ (imaginer) させられて、自分の理性よりもむしろ想像力 (imagination) を信じることを選ぶのだ。こうしてアルキメデスは、天秤竿と直線を分かつ無限の差異を無視し、それによって物理学を発明したのだった。私たちは今日もなお同じようにしている」(171/168)。「想像力」は「善のイマージュ」とともに、この神秘について考察する際に欠かすことができない鍵となっているが、本節では扱うことができなかった。
(12) ヴェイユのこうした考え方は、アインシュタインがボーアとの論争などで展開した量子力学批判に通じる一面がある。アインシュタインは、世界そのものを確率的・蓋然的なものと見なす量子力学は世界をとらえる完全な理論ではないとし、私たちがまだ知らない力学変数(隠れた変数)があるはずだと考えた。「確率概念または確率論的手法は、私たちが力学系の情報を十分にもっていないために導入された現象論的なものだった。量子力学に不満をもつ人の多くは、量子力学をこのような古典的状況に戻そうと試みたのである」(並木、一九九二、一九七頁)。「神はサイコロ遊びを好まない」というアインシュタインの有名な言葉は、「確率」の扱いをめぐる量子力学へのこうした彼の批判を端的に示したものである(佐藤、二〇〇〇、一七八頁)。ただし、たとえ「隠れた変数」が見つかったとしても、それによって科学が世界そのものを「無限の誤差」なしに完全にとらえられるようになるとは、もちろんヴェイユは考えないだろう。
(13) 佐藤、二〇〇〇、三一一頁、二五一頁。

第四章第二節

（1）ヴェイユが残したノートは *Cahiers*（『カイエ』）として Plon 社から出版され、現在刊行中の Gallimard 社の全集でも四巻（OCVI-1~4）に亘って収録されている。

（2）Vetö, 1997, pp. 16f.

（3）Pétrement, 1973, pp. 47-71.

（4）「カトリシズムとの三度の接触」に関しては、「霊的自叙伝」と呼ばれるペラン神父宛の手紙の中で述べられている（AD 41-43）。

（5）Pétrement, 1973, p. 319.

（6）ヴェイユはそこでさらに「とりわけ、私は抽象の世界から逃れて現実の人々のただ中にいる、という感じがしています――よい人も悪い人もありますが、そのよさや悪さは本当の（véritable）ものなのです」（CO 68）と述べている。

（7）Pétrement, 1973, p. 355.

（8）人が拠りどころを求めうる価値がすべて脱落した「不幸」はどこかしら「滑稽（ridicule）」でさえありうる。ヴェイユはイエスを「不幸な人」であるとして次のように語る。イエスは殉教者とは異なり、盗みや詐欺などのありきたりな犯罪を対象とする普通法で裁かれた。殉ずる価値のある高い志はイエスにはもう見えず、「彼は泥棒たちに混って、ただ彼らよりも少し滑稽に死んだ。なぜなら不幸は滑稽なものだからだ」（OCIV-1 352/AD 108）。Cf.「私たちの生はありえないもの、不条理なものだ」（OCVI-3 96/II 407）

（9）このような当事者の苦しみ（恥辱）については、たとえばアウシュヴィッツを生き残り、一九八七年に自死したプリーモ・レーヴィ（Primo Levi, 1919-1987）を例に挙げることができる。これについては拙論「シモーヌ・ヴェイユにおける人間の尊厳の問題」（『東京理科大学紀要（教養編）』第四五号、二〇一三年）の冒頭で少し取り上げた。

（10）すぐ後に述べるように、「不幸」への転落において人は自分が賭けたそのすべてを失うことになる。たとえばヴェイユは次のように言う。「私には制御できない状況の戯れは、私がこれこそ私自身だと思うほどに私のものであるあらゆるものを含めて、私からどんなものをも、いつ何時でも奪い去ることができる。失うことができないものなど、私の中には何もない。偶然は今の私などいつでも滅ぼしうるし、どんな卑しいもの、軽蔑すべきものがこの私に取って代わるかわからない」(OCV-1 230/EL 35)
(11) Pétrement, 1973, p. 582.
(12) Alain, 1928, p. 9.
(13) ヴェイユはアリストテレスについて、「超自然的なもの(surnaturel)」への感覚が欠けているという趣旨の批判を繰り返し行う(cf. OCV-1 226/EL 29, OCV-1 227/EL 31)。彼女によれば、「超自然的なもの」は「不幸」な人間の救いのただひとつの可能性である。
(14) アリストテレス、二〇〇二、一四頁(Aristoteles, *Ethica Nicomachea*, 1095b 31ff.)。
(15) もちろん、「思考は不幸から逃げる」(OCIV-1 348/AD 99, cf. OCV-1 225/EL 29)というヴェイユの指摘はまさに彼らにあてはまるのかもしれない。しかし、本当にそうであるかは、彼らの思想に内在的に確認すべきだろう。
(16) これはヴェイユが工場体験で得た別の新しい尊厳の問題(CO 59f.)に関わっている。これについては本節の注(9)であげた拙論「シモーヌ・ヴェイユにおける人間の尊厳の問題」で少し触れた。また「物」とみなされてしまうようになった人々を、「物」ではなく「人間」として留めるために、ヴェイユが着目するのは「注意(attention)」という働きである(cf. OCIV-1 292/AD 133, OCIV-1 293/AD 136)。注意とは一般に、何かを待つ人間の純粋な構えを指し、そこでは「何を待っているかを知ろうとさえしないこと」(OCIV-1 278)が重要である。その構えをヴェイユは次のように説明する。「注意とは自分の思考を宙吊りにしておくこと、思考をいつでも使える状態にし、空にし、対象が入り込めるようにしておくこと[…]である。[…]何よりも、思考は空でなければならない。待ってはいるが、何も探さず、自分に入り込んでくる対象をその裸の真実において受け取る準備ができていなければならない」(OCIV-1 260/AD 92f.)
(17) 小泉、一九九〇、三八―四一頁。
(18) 小泉、一九九〇、四一頁。
(19) しかし、ヴェイユに言わせるなら、この賢い勝者である主人もまた盲目的メカニズムの力によって支配されていることに変わりはないだろう。たとえば、彼女は、古代ギリシャのトロイア戦争をめぐる叙事詩『イリアス』に関する論考「『イリアス』あるいは力の詩編」の冒頭で、「『イリアス』の真の英雄、真のテーマ、その中心は力である」（OCII-3 227）と言う。力は人間の所有物ではなく、逆に力こそが人間を所有し、勝者敗者の区別なく万人を支配し、人間を「物」にする。

（20）本節ではヴェイユの思想を個人の不幸という視点から論じ、また「人権」や「人格」といった近現代的な社会の中で練り上げられた人間の尊厳概念とはそぐわない彼女の思想の一面を取り上げた。彼女の思想のこのような側面は、論文「人格と聖なるもの」（OCV-1 212-236/EL 11-44）などにはっきりと現れている。しかし、ヴェイユは決して社会や共同体の問題を軽視していたわけではない。むしろ、彼女が論じる個人の問題はつねに「集団」との緊張関係の中に置かれている。そのことは、彼女が最後に残した『根をもつこと』（*L'Enracinement*）という論考が、第二次世界大戦後を見据えた社会集団のあり方をテーマにしていることからもはっきりとうかがえる。

（21）本節ではアランとヴェイユとの思想の違いに重きを置いたが、両者の比較はより丁寧に行われねばならないことは言うまでもない。たとえば、ヴェイユには「不幸」にあってもなお「力の馴致」が可能であると考えるような場面があり（老荘思想の「無為」などに着想を得て彼女が晩年に論じる「無行為の行為（action non-agissante）」（OCVI-1 336/I 93, OCVI-2 87/I 153）の概念などがこれにあたる）、これは明らかにアランに通じる思想であると思われる。なお、無行為の行為に関しては拙論「シモーヌ・ヴェイユにおける「無行為の行為」の概念」（『哲學論集』第六三号、大谷大学哲学会、二〇一七）で、これを「殺すこと」をめぐる難問として論じた。

終わりに

（1）Kant, 1793, S.19.

（2）Kant, 1793, S.37f.

（3）罪や刑罰を過去の行為における自由と責任という観点から見るのではなく、将来の行為に対する飴と鞭による功利主義的な操作と見る考え方もある。しかし、そうだとしたら、私たちはなぜ加害者に「自分のしたことの意味をわからせたい」と強く願うのだろう。私たちがこのように願うのは、加害者がその意味を知ることが加害者にとって鞭としての効果を持つからではない（そうだとしたらあまりにも迂遠である）。それが鞭（加害者の苦しみ）としての効果を持つのは結果であって、私たちがまず望んでいるのは加害者が自分の行為と向き合うことそのものである。自分の行為と向き合うということは、ここでは「自分はこの刑罰に値する」と加害者が心から知ることである。刑罰を科すことを通して私たちが本当に願うのは、じつは加害者の苦しみではなく、自分自身の自由と責任を知った加害者のこの重い自覚ではないだろうか。

（4）原題は *When Bad Things Happen to Good People*（クシュナー、一九九八、ii頁）である。

（5）Sandel, 2009, pp. 86f.

（6）私は（そしておそらくはヴェイユも）、「権利」という言葉を軽んじたり否定したりしているわけでは決してない。人間が長い年月をかけてようやく練り上げた「権利」という尊い概念は、決して便利な言葉の発明などではない。ただ、この言葉ですべてをすくい取ることはできない。というよりも、この言葉のある意味での無力は、この言葉を練り上げてきた人間の努力そのものが次段落で言う無力な「祈り」のひとつの現れであることを示してはいないだろうか。権利という語が自分の背景にあるこの「祈り」を失い、それだけで独り歩きし始めると、それが背負っているはずの意味の厚みは消える。この語はどこかしら手垢がついたような、他人を叩くための便利な道具となる。このことは、私たちが「できる」ことのすべてについて言える。「できる」ことをすることは必要であり、私たちはそれをしなければならない。だが、それは「できない」こと（祈ること）に耐えられないからではなく、無力な祈りの現れであるべきだと私は考える。

（7）小泉、一九七五、三五八―三六三頁。

（8）本書で見てきたように、私はこの世の罪人における「なぜ私なのだ」という声を、自他に対する言い訳がともに尽きた、どうあがいても「自分のせいである」ことを知ってしまった者の、なお残る最後のつぶやきのようなものとして理解している。それは「私はなぜこのようなところに立っているのだろう」「私とは誰だったのだろう」という呆気にとられるような驚きとひとつである。本書では、自己認識に伴うこの驚きを、自分がしたことへの深い悔恨と結びつけた（小泉八雲の見た光景においても、たしかにそうなっている）。しかし、じつはこの驚きが悔恨と結びつく必然性はない。たとえば、当事者のこの自己認識が、宮沢賢治の童話「毒もみのすきな署長さん」に登場する署長さんの「ああ、面白かった」（宮沢、一九八六、四三五頁）という感慨と結びついてもまったくおかしくはない。しかも興味深いのは、「停車場にて」の殺人犯とまったく同じように自身に対する透徹した自己認識を持ちながら、正反対の情動を持つその人物に、私たち自身がおそらくは「すっかり感服」（宮沢、一九八六、四三五頁）せざるをえないということである。この問題については、永井、二〇一一、三四二頁を参照。

主要参考文献

アリストテレス　二〇〇二『ニコマコス倫理学』朴一功訳、京都大学学術出版会
石川准　二〇〇二「ディスアビリティの削減、インペアメントの変換」石川准・倉本智明編著『障害学の主張』明石書店
石川准・倉本智明編著　二〇〇二『障害学の主張』明石書店
石川准・長瀬修編著　一九九九『障害学への招待――社会、文化、ディスアビリティ』明石書店
伊吹友秀・児玉聡　二〇〇七「エンハンスメント概念の分析とその含意」日本生命倫理学会編『生命倫理』第一七巻第一号（通巻一八号）
上野千鶴子・田中美津　一九八七『美津と千鶴子のこんとんとんからり――対談』木犀社
大江健三郎　一九八一『個人的な体験』新潮文庫
大塚英志　二〇〇一『「彼女たち」の連合赤軍――サブカルチャーと戦後民主主義』角川文庫
大塚英志　二〇〇七『「おたく」の精神史――一九八〇年代論』朝日文庫
香山リカ　一九九九『〈じぶん〉を愛するということ――私探しと自己愛』講談社現代新書
神谷美恵子　二〇〇四『人間をみつめて』（神谷美恵子コレクション）みすず書房
ガリレイ、ガリレオ　一九七三「偽金鑑識官」山田慶児・谷泰訳、豊田利幸責任編集『ガリレオ』（世界の名著二一）中央公論社
北田暁大　二〇〇九「問題としての女性革命兵士―永田洋子と総括空間」岩崎稔他編著『戦後日本スタディーズ②――「60・70」年代』紀伊國屋書店
木村晴美・市田泰弘　一九九五「ろう文化宣言――言語的少数者としてのろう者」『現代思想』第二三巻第三号、青土社
クシュナー、ハロルド・S　一九九八『なぜ私だけが苦しむのか――現代のヨブ記』（同時代ライブラリー三四九）斎藤武訳、日野原重明監修、岩波書店
久谷與四郎　二〇〇八『事故と災害の歴史館――〝あの時〟から何を学ぶか』中災防新書

小泉八雲　一九九〇『怪談・奇談』平川祐弘編、講談社学術文庫
小泉八雲　一九七五『小泉八雲集』上田和夫訳、新潮文庫
最首悟　一九九八『星子が居る――言葉なく語りかける重複障害の娘との20年』世織書房
最相葉月　一九九八『絶対音感』小学館
斎藤学　一九九五『魂の家族を求めて――私のセルフヘルプ・グループ論』日本評論社
崎尾英子　一九九七『子どもを支えることば――立ちすくむ家族へ』言叢社
佐藤勝彦監修　一九九八『「相対性理論」を楽しむ本――よくわかるアインシュタインの不思議な世界』PHP文庫
佐藤勝彦監修　二〇〇〇『「量子論」を楽しむ本――ミクロの世界から宇宙まで最先端物理学が図解でわかる！』PHP文庫
島薗進　二〇〇七『スピリチュアリティの興隆――新霊性文化とその周辺』岩波書店
シルヴァー、リー・M　一九九八『複製されるヒト』東江一紀他訳、翔泳社
杉野昭博　一九九七「「障害の文化」と「共生」の課題」青木保他編『岩波講座 文化人類学 第八巻 異文化の共存』岩波書店
高木敏　二〇〇〇「アルコール依存症の関連障害」榎本稔編『アルコール依存症』（こころの科学91）日本評論社
田中美津　一九八三『何処にいようと、りぶりあん――田中美津表現集』社会評論社
田中美津　一九九二『いのちの女たちへ――とり乱しウーマン・リブ論』河出文庫
田中美津　二〇〇五『かけがえのない、大したことのない私』インパクト出版会
田中美津　二〇〇九「インタビュー　田中美津「未来を摑んだ女たち」――［聞き手］上野千鶴子・北原みのり」岩崎稔他編著『戦後日本スタディーズ②――「60・70」年代』紀伊國屋書店
冨田香里　一九九七『それでも吐き続けた私――過食症を克服した29歳の記録』講談社
永井均　二〇〇一『倫理とは何か――猫のアインジヒトの挑戦』ちくま学芸文庫
長瀬修　一九九九「障害学に向けて」石川准・長瀬修編著『障害学への招待――社会、文化、ディスアビリティ』明石書店
中村久子　一九七一『こころの手足』春秋社

並木美喜雄　一九九二『量子力学入門――現代科学のミステリー』岩波新書
ニーチェ、フリードリッヒ　一九九三『善悪の彼岸　道徳の系譜』（ニーチェ全集11）信太正三訳、ちくま学芸文庫
野家啓一　二〇〇四『科学の哲学』放送大学教育振興会
野口裕二　一九九六『アルコホリズムの社会学――アディクションと近代』日本評論社
野崎　二〇〇〇「AA何か大きな力による配慮――AAメンバーとしての私の責任」榎本稔編『アルコール依存症』（こころの科学91）日本評論社
バーグ、インスー・キム／ミラー、スコット・D　一九九五『飲酒問題とその解決――ソリューション・フォーカスト・アプローチ』斎藤学監訳、金剛出版
パスカル、ブレズ　二〇一五『パンセ（上）』塩川徹也訳、岩波文庫
宮沢賢治　一九八六「毒もみのすきな署長さん」『宮沢賢治全集6』ちくま文庫
ミラー、スコット・D／バーグ、インスー・キム　二〇〇〇『ソリューション－フォーカスト・アプローチ――アルコール問題のためのミラクル・メソッド』白木孝二監訳、金剛出版
森岡正博　二〇〇一『生命学に何ができるか――脳死・フェミニズム・優生思想』勁草書房
柳瀬睦男　一九八四『科学の哲学』岩波新書
横塚晃一　二〇〇七『母よ！殺すな』生活書院
ラプラス　一九九七『確率の哲学的試論』内井惣七訳、岩波文庫
レイン、ハーラン　二〇〇七『善意の仮面 聴能主義とろう文化の闘い』長瀬修訳、現代書館
Alain, 1928, *Propos sur le Bonheur*, Paris, Gallimard（一九九八『幸福論』神谷幹夫訳、岩波文庫）
Bateson, Gregory, 2000 (originally published 1972), *Steps to an Ecology of Mind*, Chicago and London, The University of Chicago Press（二〇〇〇『精神の生態学』改訂第二版、佐藤良明訳、新思索社）
Kant, Immanuel, 1793, *Die Religion innerhalb der Grenzen der bloßen Vernunft*, in *Kants Werke* (Akademie-Textausgabe, unveränderter photomechanischer Abdruck des Textes der von der Preußischen Akademie der Wissenschaften 1902 begonnenen Ausgabe von *Kants gesammelten Schriften*), Band VI, Berlin, 1968, Walter de Gruyter & Co..（二〇〇〇『たんなる理性の限界内の宗教』カント全集10、北岡武司訳、岩波書店）

Kurtz, Ernest, 1979, *Not-God: A History of Alcoholics Anonymous*, Hazelden Foundation（二〇二〇『アルコホーリクス・アノニマスの歴史——酒を手ばなした人びとをむすぶ』葛西賢太他訳、明石書店）

Orbach, Susie, 1993 (second edition), *Hunger Strike*, London, Penguin Books

Pétrement, Simone, 1973, *La vie de Simone Weil*, Paris, Fayard（一九七八『評伝 シモーヌ・ヴェイユ』全二巻、杉山毅・田辺保訳、勁草書房）

Rachels, James, 2012 (7th edition by Stuart Rachels), *The Elements of Moral Philosophy*, New York, McGraw-Hill（二〇一七『現実をみつめる道徳哲学——安楽死・中絶・フェミニズム・ケア』新版、次田憲和訳、晃洋書房）

Rawls, John, 1971 (original edition), *A Theory of Justice*, Cambridge, MA, Harvard University Press（二〇一〇『正義論』改訂版、川本隆史他訳、紀伊國屋書店）

Sandel, Michael. J, 2009 (First Harvard University Press paperback edition), *The Case against Perfection: Ethics in the Age of Genetic Engineering*, Cambridge, MA, Belknap Press of Harvard University Press（二〇一〇『完全な人間を目指さなくてもよい理由——遺伝子操作とエンハンスメントの倫理』林芳紀・伊吹友秀訳、ナカニシヤ出版）

Vetö, Miklos, 1997 (2e éd.), *La métaphysique religieuse de Simone Weil*, Paris, L'Harmattan（二〇〇六『シモーヌ・ヴェイユの哲学——その形而上学的転回』今村純子訳、慶應義塾大学出版会）

アルコホーリクス・アノニマスに関する主な引用文献と略号

（頁数は略号の後にアラビア数字で直接記し、訳出は邦訳書を尊重しつつ、必要な部分は引用者自身の訳を用いた。引用文中の［ ］は引用者による補足である。原文でイタリックになっている部分は、訳では太字で示した）

AA：*Alcoholics Anonymous*, 2001 (4th edition), New York, Alcoholics Anonymous World Services, Inc.（二〇〇二『アルコホーリクス・アノニマス』ハードカバー版改訂版、AA日本出版局訳編、AA日本ゼネラルサービスオフィス。この内「個人の物語」の一部については、二〇〇九『アルコホーリクス・アノニマス——英語版六人のストーリー』パイロット版、AA日本ゼネラルサービスオフィス）

AACA: *Alcoholics Anonymous Comes of Age*,1957, New York, Alcoholics Anonymous World Services, Inc.（一九九〇『アルコホーリクス・アノニマス成年に達する——AA小史』AA日本出版局訳編、AA日本ゼネラルサービスオフィス）

BOB: *DR.BOB and the Good Oldtimers*, 1980, New York, Alcoholics Anonymous World Services, Inc.（二〇〇六『ドクター・ボブと素敵な仲間たち――アメリカ中西部における初期ＡＡの思い出』ＡＡ日本出版局訳編、ＡＡ日本ゼネラルサービスオフィス）

LAST: *Dr. Bob's Last Major Talk*, Detroit, Michigan, December 1948 -transcribed from tape. Copyright © AA Grapevine, Inc, June 1973（https://silkworth.net/alcoholics-anonymous/dr-bobs-last-major-talk/　二〇二一年二月閲覧）

Pass: *'Pass It On' The story of Bill Wilson and how the A.A. message reached the world*, 1984, New York, Alcoholics Anonymous World Services, Inc.

シモーヌ・ヴェイユに関する主な引用文献と略号

（頁数は基本的に現在刊行中の Gallimard 社の全集の略号の後にアラビア数字で直接記し、その後にスラッシュ（／）で単行本の略号と頁数を示した。訳出は邦訳書を参考にしつつ、引用者自身の訳を用いた。原文でイタリックになっている部分は訳では傍点で示した。引用文中の［　］は引用者による補足である）

全集：*Œuvres complètes*, 1988-, Paris, Gallimard.

OCII-2: *Œuvres complètes II-2, Écrits historiques et politiques (juillet 1934-juin 1937)*, 1991.

OCII-3: *Œuvres complètes II-3, Écrits historiques et politiques (1937-1940)*, 1989.

OCIV-1: *Œuvres complètes IV-1, Écrits de Marseille (1940-1942)*, 2008.

OCVI-1: *Œuvres complètes VI-1, Cahiers (1933-septembre 1941)*, 1994.

OCVI-2: *Œuvres complètes VI-2, Cahiers (septembre 1941-février 1942)*, 1997.

OCVI-3: *Œuvres complètes VI-3, Cahiers (février 1942-juin 1942)*, 2002.

OCV-1: *Œuvres complètes V-1, Écrits de New York et de Londres* (1942-1943), 2019.

OCV-2: *Œuvres complètes V-2, Écrits de New York et de Londres (1943)*, 2013.

単行本：

I: *Cahiers Tome I*, Paris, Plon, 1951.

II: *Cahiers Tome II*, Paris, Plon, 1953.

III: *Cahiers Tome III*, Paris, Plon, 1956.
AD: *Attente de Dieu*, Paris, Fayard, 1966.
CO: *La Condition ouvrière*, Paris, Gallimard, coll. folio, 2002.
E: *L'Enracinement*, Paris, Gallimard, 1949.
EL: *Écrits de Londres et dernières lettres*, Paris, Gallimard, 1957.
S: *Sur la Science*, Paris, Gallimard, 1966.

シモーヌ・ヴェイユの著作の邦訳書（刊行順）

『シモーヌ・ヴェーユ著作集』（全五巻）橋本一明・渡辺一民編、春秋社、一九六七―一九六八年
『労働と人生についての省察』黒木義典・田辺保訳、勁草書房、一九六七年
『ロンドン論集とさいごの手紙』田辺保・杉山毅訳、勁草書房、一九六九年
『工場日記』田辺保訳、講談社学術文庫、一九八六年
『神を待ちのぞむ』田辺保・杉山毅訳、勁草書房、一九六七年
『科学について』福居純・中田光雄訳、みすず書房、一九七六年
『ギリシアの泉』冨原眞弓訳、みすず書房、一九九八年
『カイエ』（全四巻）冨原眞弓他訳、みすず書房、一九九二―一九九八年
『根をもつこと』（上・下）冨原眞弓訳、岩波文庫、二〇一〇年
『シモーヌ・ヴェイユ選集』（全三巻）冨原眞弓訳、みすず書房、二〇一二―二〇一三年

初出一覧

はじめに（書き下ろし）

第一章
「《私》という偶然をめぐって（二〇一七年度春季公開講演会講演録）」『大谷学報』第九七巻第一号、大谷学会、二〇一七年

第二章
第一節　「第二章　田中美津論——「私という真実」を生きるということ」『「いのちの思想」を掘り起こす——生命倫理の再生に向けて』安藤泰至編、岩波書店、二〇一一年
第二節　「生命操作に抗して何が言えるか——サンデルの「生の被贈与性」と障害の問題を手掛りにして」『哲學論集』六六号、大谷大学哲学会、二〇二〇年

第三章
第一節　「意志の破綻と自己肯定」『宗教の根源性と現代』第一巻、晃洋書房、二〇〇一年
「セルフヘルプ・グループにおける「共感」の意味——アルコホリクス・アノニマスを手がかりにして」『東京理科大学紀要（教養篇）』第三六号、二〇〇四年
第二節　「表現としての飲酒——AA誕生時に見られる自覚の伝達を巡って」『宗教哲学研究』第二五号、宗教哲学会、二〇〇八年

第四章
第一節　「神秘の喪失——シモーヌ・ヴェイユの科学論から」『宗教哲学研究』第三一号、宗教哲学会、二〇一四年
第二節　「人間の生の《ありえなさ》——シモーヌ・ヴェイユの「不幸」の概念を手掛りにして」『現代思想』第四八巻第一号、青土社、二〇二〇年

おわりに（書き下ろし）

＊本書収録にあたり、加筆・修正を施した。

脇坂真弥（わきさか　まや）
1964年広島県生まれ。京都大学大学院文学研究科博士後期課程宗教学専攻終了。博士（文学）。現在、大谷大学文学部教授。専門は、宗教哲学、倫理学。カントやヴェイユの宗教哲学の研究から、広く自由意志や人間の尊厳について考察している。また「依存症からの回復研究会」にも翻訳ボランティアとして積極的にかかわっている。共著に『宗教の根源性と現代』（晃洋書房、2001年）、『「いのちの思想」を掘り起こす』（岩波書店、2011年）がある。

人間の生のありえなさ
〈私〉という偶然をめぐる哲学

2021年4月14日　第1刷印刷
2021年4月30日　第1刷発行

著　者――脇坂真弥

発行者――清水一人
発行所――青土社
〒101-0051　東京都千代田区神田神保町1-29　市瀬ビル
［電話］03-3291-9831（編集）　03-3294-7829（営業）
［振替］00190-7-192955

印刷・製本所――双文社印刷

装幀――今垣知沙子

ISBN 978-4-7917-7373-2　C0010